古典文獻研究輯刊

三九編

潘美月・杜潔祥 主編

第 **44** 冊

清代淄博詩集六種（下）

尹勇力、鍾雲瑞 輯校

國家圖書館出版品預行編目資料

清代淄博詩集六種（下）／尹勇力、鍾雲瑞 輯校 -- 初版 --
新北市：花木蘭文化事業有限公司，2024〔民 113〕
目 30+182 面；19×26 公分
（古典文獻研究輯刊 三九編；第 44 冊）
ISBN 978-626-344-964-0（精裝）
1.CST：清代詩 2.CST：山東省淄博市
011.08   113009889

ISBN-978-626-344-964-0

9 786263 449640

古典文獻研究輯刊
三九編　第四四冊　　　　　　　ISBN：978-626-344-964-0

清代淄博詩集六種（下）

作　　者　尹勇力、鍾雲瑞（輯校）
主　　編　潘美月、杜潔祥
總 編 輯　杜潔祥
副總編輯　楊嘉樂
編輯主任　許郁翎
編　　輯　潘玟靜、蔡正宣　美術編輯　陳逸婷
出　　版　花木蘭文化事業有限公司
發 行 人　高小娟
聯絡地址　235 新北市中和區中安街七二號十三樓
　　　　　電話：02-2923-1455／傳真：02-2923-1452
網　　址　http://www.huamulan.tw 信箱 service@huamulans.com
印　　刷　普羅文化出版廣告事業
初　　版　2024 年 9 月
定　　價　三九編 65 冊（精裝）新台幣 175,000 元　　版權所有 · 請勿翻印

清代淄博詩集六種（下）

尹勇力、鍾雲瑞　輯校

目

次

敦好堂詩集卷三

淄川袁藩松籬著

雪中望天寧寺塔

古塔何年護帝京，望中春雪積簷平。乍驚銀海飛龍象，特湧金輪接鳳城。總散天花非有跡，高懸鈴鐸自無聲。空明色相全歸寂，惟見佛燈向夜清。

答孫孝堪贈別之作

薊門春晝雪初晴，別酒逢君此暫傾。何處笳聲吹塞馬，不堪回首故園情。凍柳經春雪未消，行人惆悵挽垂條。歸心二月蘆溝水，一夜隨風欲上潮。春明門外草萋萋，古渡黃□□遠迷。為問禹□山下路，何人攜酒聽鶯啼。

山行

如此春光正可憐，愁人客懷見秋韆。雙鬟笑語誰家女，紅杏林中落翠鈿。

贈鍾赤松邑侯時令萊蕪

朝望長春嶺，岩壑秀無際。空翠滴深林，行行更崎麗。四野紛鳴弦，汶水涵清礪。俗美知化淳，風教本慈惠。父老前致詞，我侯誠愷悌。吏靜民亦安，興利復除弊。婦子樂春臺，湛恩等百世。聞言重致思，循良杳難計。今日見斯人，龍雯與鳳噦。憶昔客長安，陳張〔註1〕水乳契。吟罷循前楹，屈指談經濟。傾心今史云，芳規良足繼。勸懲德化尊，剛柔互調劑。溫如春日熹，皎若秋空霽。道義夙所□，服官心逾細。數年冰蘗操，氣凝神自厲。慈母與嚴師，古人

〔註1〕觀我敬甫。

罕其儷。天子下蒲輪，應循渤海例。時予切景行，今將叩雲砌。垂盼敦古歡，溫顏時接袂。我為除荊棘，兼之植蘭蕙。佳氣藹春陰，清風激衰替。譬彼造物恩，陽和化沴戾。遠邇同一覆，望君如望歲。銜結無窮期，種德滋來裔。

贈張子秀

客路無雲麥浪輕，溪山百里散歌聲。從誇汶水經春碧，若比君侯未是清。官舍榴花繞砌生，吳鉤閒看作龍鳴。千秋俠氣逢君處，那許人間有不平。

五日贈朱虞祥夫子時以舊任候補部郎

東郡重留日，絃歌令節宜。榴花開舊砌，菖歜薦新巵。粉署方虛左，琴堂猶在茲。天心從物望，棠蔭慰余思。

寄秋公律師

何處老僧臥石渚，廿年楗戶忘寒暑。神光朗朗夜珠圓，海門潮音靜可語。花發如聞古佛香，笑拈一枝參法王。潭水經秋照明月，數聲清磬冷雲房。

秋日濟南道中

嵐光百里護村家，客路西風老鬢華。落日高天聞獨雁，平蕪秋色見黃花。迎霜木葉臨清水，過雨山容露晚霞。何處牧歌隨犢去，祇餘蟲響度寒沙。

平陵城懷古

落日平陵道，微涼動旅衣。野煙村樹合，水徑晚禽飛。荒草城空沒，孤雲客自歸。長歌懷往事，黃犢有餘欷。

過石磬莊

石橋東畔是誰家，草沒荒垣土徑斜。曾記當年留客處，春風滿樹碧桃花。

中秋對月

高天真似洗，微露濕前楹。一歲今宵月，三秋此夜情。客懷清不寐，幽籟息還鳴。未覺仍塵世，何勞感歎生。

送蘇銘三由黎城之寧遠

高天落木照行旌，握手難分問去程。淚濕寒雲連渭水，人隨秋雁到黎城。

長途霜月留歸夢，絕塞風煙賦遠征。紫燕峰頭尋勝蹟，黃花偏繫故人情。〔註2〕

重陽晚步

莫負登高節，良宵月更宜。澹煙浮野色，疏樹隱秋思。籟靜人俱遠，霜臨葉漸垂。黃花空有約，雙鬢愧成絲。

用安素中韻卻贈

落木下高風，秋老黃花耐。窘寐素心人，佳句貧猶在。當其猛悟時，清言一何快。願君持此心，可以交千載。

壽周學憲

嵍湖曉色照金庭，粉署香餘翰墨馨。望重文章起八代，門多桃李祝千齡。開尊華注當軒碧，卷幔函山入座青。莫訝歲星臨海岱，於今歷下正談經。

夜雨有懷李蘭厓

仲冬天氣寒，倦遊臥荒廬。簷隱多悲風，雞犬闃村墟。燈火娛長夜，迢然思有餘。微雨西北來，雲氣濕清虛。庭柯音愈靜，滴瀝響階除。興來懷我友，古人將誰如。讀書長白下，窈窕似仙居。眉宇有真氣，珠玉隨吹噓。攤書臨百城，古藻恣搜漁。痛飲時復佳，文采映襟裾。寄詩懸素壁，照耀及林閭。文章重道義，尺素如璠璵。

村南墓上拾得古半兩錢誌感

范水當秋對秋雨，村煙回合隔南浦。客子茫茫百憂集，逝者如斯淚如縷。西岸白楊四五春，松柏陰森映河滸。下有長眠人，上有一杯土。土上年年春草生，土中人去成今古。柱杖行吟繞樹悲，青錢掩映孤墳奇。半兩字帶苔蘚碧，色疑綠玉臨清池。鼓鑄當年亦精好，嬴秦創始漢改為。此物雖微閱人代，二千餘年尚如斯。摩挲歸來注銅碗，顏色照耀清鬚眉。金錢入土有時出，泉下之人那得知。

宿西明水鎮

朔風烈烈卷征塵，百脈泉邊一問津。幾個寒鴉悲老樹，千年流水照行人。春雲瀑布當階濕，灌竹幽泉咽石粼。廿載經過還此地，橋頭晚眺獨傷神。

〔註2〕紫燕山為寧遠之勝。

港溝道中

馬首衝寒欲渡河，空林覓徑引樵歌。野禽傍水鳴初起，山路逢人問更多。幾簇寒柯生石磴，數椽茅屋出煙蘿。憑高北望平陵道，滾滾車塵喚奈何。

曉過龍山用東坡韻

濟南東去曉煙晴，絕野風高雁陳輕。人過龍山霜滿地，長橋踏盡水無聲。

九日同劉生飲杜子先酒壚

忽然成好約，九日集新亭。秋盡千峰白，人來雙眼青。杜康仍作酒，劉向自傳經。幽抱從開處，流泉入座聽。

除前六日晤李藥房

懷人當歲暮，此地一逢君。握手難為語，開襟自不群。清言避塵市，高寄寫寒雲。未忍拋良會，斜陽立水潰。

除夜

獨坐當除夜，蕭條遠意多。華燈明寶樹，玉漏轉銀河。臘盡雪猶凍，春來風自和。溪南冰欲解，會看綠成波。

元日試筆　　以下戊申稿

把筆臨新歲，春光此際來。雞聲遠處合，竹爆隔鄰開。歷歷星河見，紛紛笑語催。須知風景好，香氣發庭梅。

為李蘭厓題樊公畫冊六首

春色淡蕩寫幽姿，雲暗深林護短籬。流水聲中無限意，草亭長日對斜暉。

淮南昔日曉風催，邵伯湖邊雙槳來。柳葉絲絲臨水碧，桃花灼灼向人開。舊遊宛向圖中見，湖風微動波如練。樹底垂綸更有人，扁舟空載桃花片。

數椽茆屋竹蕭蕭，門外青山淡不描。欲向此中尋隱處，卻防醉後過危橋。

朝朝雲霧濕，野水綠新漲。豈有羨魚情，藉此成獨往。為憶蘆中人，江山自清曠。

大似秣陵秋，江山俯雉樓。雲帆天外落，煙樹雨中收。渡口名桃葉，湖光號莫愁。都從高枕上，一寄少交遊。

堤柳媚春覆綠陂，水田新漲卷漣漪。漁舟似近桃源路，一片紅霞映釣絲。

題畫長歌贈李蘭厓

李子胸中丘壑奇，讀書往往生遠思。欲踏芒鞋徧五嶽，眉宇橫逸煙霞姿。黃河昨歲秋風渡，片帆南指廣陵路。午年興廢感江山，幾處檣帆靜煙雨。邗溝明月蔣山雲，誰復探奇得似君。更抉幽靈納懷袖，尺幅煙巒掌上分。畫師海內誰第一，樊家兄弟盡入室。筆端造化自微妙，橫林遠岫精神出。為寫此圖當臥遊，篋中雲氣如高秋。過江龍吟恐飛去，願我開玩奪雙眸。此道精微有神助，靜覺山川向人語。忽入深林風雨驚，起聽樵聲在何處。

有懷李蘭厓

于陵城下讀書處，門對白山第幾峰。一自窮愁涉遠道，三年離索恨飄蓬。題詩檻外無新竹，把酒池邊憶古松。懷抱於今定何似，孤村暮雨聽寒鐘。

贈余其祥

握手黎城道，千秋意氣存。高談清漏永，對酒朔風溫。誰遣歸人夢，獨傷羈客魂。當春吟眺足，花雨落青樽。

哭子

一百二十日，難忘父子親。生來誰命汝，死去敢尤人。耳畔聲猶在，泉途事已真。桃花開漸滿，終覺不曾春。

壯年悲失志，幼子復凋零。啼笑今何處，精魂亦杳冥。寒煙親曠野，春色閉空庭。掩涕愁開鏡，知添兩鬢星。

春日

微雨野花香，春風過草堂。落紅沾地濕，新綠嫋枝長。魚浪吹萍細，鴉巢映日忙。只愁飛絮起，處處斷人腸。

憶子

晚歲驚心失幼兒，臨風一慟血凝絲。哀孫忍下雙親淚，哭弟能禁稚子悲。已拚余魂歸野土，猶疑未死臥空帷。無緣何必生相結，嬉笑窗前得幾時。

春盡

三月三十春盡去，病中強起一登臺。柳花作絮連空舞，榆莢為錢貼地來。是處浮生堪灑淚，何人弔古不銜杯。紅英惆悵無消息，惟見青莎點綠苔。

櫻桃

櫻桃今歲結，顆顆露柔條。珠綴珊瑚潤，啄餘鸚鵡嬌。火齊擎寶樹，紅雨落春潮。還憶樊姬口，魂應白傅銷。

河上夜坐

偶愛南溪坐，攜兒試夜涼。樹陰簾幕淺，蛙部鼓吹忙。一水明如玉，繁花暗有香。村居不厭僻，吾意在滄浪。

絕句

古渡煙波遠，花飛不見春。村南時一望，風雨斷行人。

送孫禹石陽江新任

久將詞賦擅西京，製錦新除百粵行。豆驛花開搖旆影，蓮塘雨歇聽潮聲。須知循吏尊經術，每向驪歌念友生。到日漢陽秋色好，荔枝香發一琴鳴。

蘇仲眉蓄古玉章予攜歸把玩久而返之乃紀一詩

物久人爭貴，何年琢玉章。辨痕留血漬，製款識工良。時代悲陳跡，摩挲餘古香。多君珍重意，比德慎收藏。

送蘇若佩南遊

別君當盛暑，迢遞復南征。鶂靜江雲度，馬嘶山月明。地分吳越闊，夢合水煙平。不倦登臨意，新詩好細傾。

紀異

戊申季夏十七日，皎月東升一更後。萬馬忽從地底來，戈甲迷亂空中走。似從西北趨東南，驚雷奮迅蛟龍吼。屋瓦振落風卷葉，茅簷傾攲露星斗。掀騰山嶽地軸折，波濤倒漾翻石臼。荒村叫號兒女悲，奔跳裸裎不言醜。駭竄中衢各問訊，今之地震古未有。又聞南村樓半傾，瓦礫壓人將沒首。露立空庭視河漢，戰慄經時神不守。目搖齒擊繞階行，中夜不敢窺窗牖。傳來遠近更駭聞，

城闕摧陷成培塿。十日霪霖灶產蛙，一朝崩裂沙泉瀏。軋肩折股碎皆腦，一村多至數十口。泥淖蹣跚走且僵，衣裳剝落露兩肘。死無葬地生無食，魂魄搖盪風中柳。榱沉棟沒雞犬漂，十室之邑損八九。旬日以來動不休，陰陽震盪何其久。大哉坤元職載物，顛覆何以稱廣厚。況兼星宿亂行次，太白經天亦非偶。父老感歎杞人憂，書生錯雜談休咎。余聞此語重三思，時當盛代無稂莠。天子憂勤宰相公，妖不勝德祥桑朽。自古殷憂啟聖明，堯湯水旱君知否。天地茫茫不可料，世事還須杯在手。雨足郊原禾黍登，且對西山進村酒。

秋宵

秋宵群籟寂，孤月自清寒。蟲響助人靜，禾收增野寬。微煙橫渡口，遠火出林端。多病耽幽僻，荒原駐馬看。

哭族兄美公

屈指吾家彥，如兄有幾人。生前事未了，死後苦難申。薄命文章拙，中年骨肉親。能聞諸弟輩，長慟各沾巾。

聞雁

不盡離思下遠空，西風徙倚望來鴻。一聲江漢蘆花白，幾處關山返照紅。怨入哀弦珠錯落，響傳清漏玉丁東。年年聽此添惆悵，多少征人夢不同。

贈王履吉欽賜衣帽之喜時以順慶司理改授翼城令

盛代推循吏，河東須重臣。簿書經術舊，章服玉恩新。舞彩春風度，彈冠曉色親。催科心撫字，嘯詠骨嶙峋。吏散梅開閣，庭空月滿輪。九重方拭目，四野正稱神。且晚逢車召，文昌近北辰。

寄贈李晦修

之子永豐去，人人播頌聲。清能江自照，心與月爭明。經濟傳家學，絃歌愜物情。龍華山下過，千載識君名。

贈義烏令孫隆吉

一時循吏擅聲華，江靜揮弦晚放衙。山上石樓環翠嶂，澗邊繡水映朝霞。何年烏鳥留名地，此日鸞棲屬大家。相對故人千里外，印床寒雪落梅花。

九日雨中

虛負登高節，閉門風雨多。三秋正搖落，九日復如何。菊破霜前蕊，鴻傳天外歌。晚雲吹不散，滴瀝響庭柯。

九日懷燕思蘭厓兄弟

故人知何處，佳節罷登臨。對雨黃花好，開尊綠樹深。煙雲生素壁，蘿薜結秋陰。自得山中意，何妨閉戶吟。

九日聞蘇若佩還自金華

佳節喜君還，多愁損舊顏。千帆江上雨，一枕越中山。詩向窮途細，身從病後閒。西園秋色好，扶杖破苔斑。

葬金魚梅樹下

細細朱鱗映日浮，曾將樂意慰予愁。乍驚霜葉沉秋水，忍見桃花落御溝。骨傍寒柯魂不散，影隨香夢月難留。還生若乞茅山術，須訪琴高汗漫遊。

代友人贈浙醫二首

寒入沙汀雁影涼，夢隨秋雨到錢塘。最憐游子江邊棹，得遇仙人海上方。疑向雲中跨白鹿，卻來塵世檢青囊。懷思別後從多少，祇過西湖問藥王。

還家九日菊花新，回首天涯倍愴神。千里秋風扶病骨，一時良友念歸人。名傳太史書中久，道自軒皇悟後真。乞得長生術可說，側身南望大江濱。

送韓可韓之東粵兼柬娟石同學

秋空霜洗露煙鬟，送子河梁黯玉顏。一枕孤篷江上雨，千峰雲氣粵中山。天涯骨肉應相聚，別路知交不易攀。見說龍川仙令好，揮毫長日訟庭閒。

贈李劬庵明府，時以廉州司理改授，憶別濟南者五年矣。即用其和施愚山元韻四首

五載明湖上，相逢憶獨憐。寒風吹凍水，遠雁度高天。對卷期欣賞，〔註3〕離尊竟杳然。禪房花雨寂，遺韻咽清絃。〔註4〕

〔註3〕時共題周櫟園畫冊。
〔註4〕前寓濟上之甘露寺中。

龍門竟何處，廉水復廉山。萬里珠亭古，一溪明月間。〔註5〕斯人妙風雅，末俗起衰頑。何意天涯棹，桓臺見玉顏。

筆底失關荊，余閒佐治行。道心原不繫，真氣自相迎。僻地逢仙令，中天見福星。〔註6〕嵯華連繫水，潑墨有餘情。

詩書留我拙，勳業付君忙。嵐氣開梅嶠，雲帆過豫章。循良新奏績，道術久相忘。濼水重經處，開尊即故鄉。

哭蘇若佩同學十六首

一夕能教萬慮空，阿誰解脫與君同。明月瑤圃閒來往，不是乘雲便御風。
肝腸如雪氣如雲，萬斛明珠散作文。怪得主司驚不識，書成留獻紫霞君。
書生談笑海雲紅，乍到仙班姓不通。見說群真齊閣筆，讓他最後草新宮。
秋風秋月坐明湖，痛飲狂歌兩壯夫。我住紅塵君碧海，從今名姓避人呼。
自是人間有不平，十年鏖戰未成名。泉臺莫更談文字，只恐雄才鬼亦驚。
吳越江山賦遠遊，錢塘風雨送歸舟。煙波日暮魂應斷，多在西湖桂子秋。
芙蓉秋老泣寒江，恨壓蛟龍氣未降。浪湧金山如筆卓，愁人病裏臥蓬窗。
〔註7〕
獨憐千里病中身，難割慈幃遠望心。化作彩雲飛不去，北堂留對白頭親。
還家風雨正重陽，憔悴難禁驛路霜。一枕秋聲魂不返，年年愁見菊花黃。
造物何慳四十春，〔註8〕韶光轉眼即成塵。可憐年少稱才子，空作黃泉下第人。
弱女孤嫠慟撫棺，一燈寒夜雪漫漫。當年曾此讀書處，硯冷香消不忍看。
西園春晝立莓苔，幾樹梨花向晚開。野鳥自從人去後，和風和雨入窗來。
三徑新除一草亭，年來兄弟自傳經。誰知春草池塘夢，化作秋風水上萍。
寒暑何曾阻去來，荒原獨樹各徘徊。祇今汜水層冰路，愁聽高天一雁哀。
抒須豪飲復雄談，業鏡懸時面不慚。俠骨慧心收拾盡，佛燈深夜照經函。
半生憂患苦相煎，好友別離更慘然。今日苦君無覓處，誰窮碧落與黃泉。

雪中題文衡山雪卷為高念東宗丞

一片空明界，微茫現筆端。君方愛高潔，吾亦覺清寒。深樹含餘凍，危橋

〔註5〕皆粵地名。
〔註6〕時歲星守畢。《越絕》云：「齊北郡，畢也。」
〔註7〕歸時過江幾覆。
〔註8〕卒年三十九。

渡遠灘。素心原不厭，更向雪中看。

再題三絕句即送高還朝

靜對千峰雪後開，林煙漠漠水潺潺。分明孝水溪邊路，認作文家畫裏山。

一卷攜來古雪香，道人心骨自清涼。薊門西望層巒出，還向樽前說故鄉。

六花寒卷朔風摧，知是天山一夜來。為報騎驢速歸去，窗前恐厭欲開梅。

除夜守警待旦

曠野風高夜不嘩，寒星隱隱聽鳴笳。屠蘇未酌愁難寐，擊柝聲中度歲華。

兵戈擾擾暫容身，此夜真成守歲人。好待雞聲辭舊節，明朝速報太平春。

夜風　　以下己酉稿

春夢迷離殘醉中，杏花狼藉不禁風。明朝試向城頭望，愁煞荒原盡落紅。

贈高耳玉廣文書齋成

絳紗高揭曉煙熒，一室翛然臥客星。不是浣花臨錦水，定知載酒過元亭。座中爽氣千峰碧，郡外春潮兩岸青。久向程門擬侍雪，圜橋流水正堪聽。

遲日春光淑氣新，堂成晝永接芳鄰。山容入戶青能照，柳色沿溪綠未勻。千古文章推大雅，一時經濟見斯人。及門桃李明書幌，不厭朝朝步後塵。

約遊北園阻風不果

漸覺園林春晝長，懶隨朋輩一尋芳。好花落處空塵土，新柳拖余過粉牆。年去年來山色古，愁風愁雨鳥聲忙。卻防酒後思前事，十載關心兩鬢霜。

三春好事今餘幾，欲訪名園興未窮。修竹無人閒落照，老梅長日倚酸風。獨憐物候驚心改，莫惜流光入眼空。珍重明朝寒食近，一番新雨洗殘紅。

過蘇氏西園有感

寂寞西園舊草亭，梨花如雪柳條青。一聲啼鳥林中出，更有何人解與聽。

春詞

二月垂楊青陌頭，家家紅粉上妝樓。誰知一夜風和雨，落盡紅英滿御溝。

天氣初長粉汗多，美人春盡掩輕羅。昨宵忽送春前雪，又擁金爐畫翠蛾。

欲雨

朦朧曙色開，曉月墮庭樹。虛窗幽且閒，杳杳駐煙霧。攬衣起徬徨，萬感紛相屬。古木響天風，流雲似奔赴。群鳥飛飛鳴，三月春已暮。徙倚臨前楹，幽情激中素。白髮鏡中多，壯年怨非故。榆筴下遙空，階前一以聚。欲雨令人哀，落花正無數。

春抄夜飲李侗庵有作

山城微雨綠參差，楊柳春風欲暮時。自負錦囊隨李賀，卻將醇酒醉袁絲。淚消紅燭金罍歇，座發清言玉漏遲。莫遣愁思涉遠道，飛花如雪使人悲。

送李蘭厓入濟

欲發驪歌不耐聽，幾行官路柳條青。濟南東望懷人處，暮雨瀟瀟湖上亭。
一別明湖三載餘，西風腸斷故人書。煩君寄語河邊柳，誰過平橋霧鬢疏。
大明湖畔水香亭，倚檻微吟晚岫青。記得秋風獨立處，曉煙修竹兩冥冥。
湖水迢迢接女牆，滿城微雨藕花涼。不知桂子秋風夜，何似君家白雪香。

寄蘭厓其旋濟上

聞君投宿處，門對玉函山。綠樹經春發，白雲終日閒。古亭臨北渚，夜柝隱前關。最喜明湖上，煙波足往還。

夜雨有感

閒亭蕭索氣如秋，獨客挑燈感舊遊。半夜懷人空對雨，三年望遠此登樓。孤窗雲影來深樹，歸夢風翻咽去流。莫向窮途怨憔悴，忘機何似水中鷗。

雨中寒甚

四月行將盡，寒威逐雨來。水光連晝夜，雲氣隱樓臺。野圃紅應折，新枝綠半摧。重綿擁坐處，爐火撥殘灰。

端陽飲蘇銘三話舊

又逢佳節命壺觴，短鬢空餘艾葉長。還說昔年臨水處，幾竿新竹對斜陽。

范溪道中

落日黑雲深，蒼茫接遠岑。亂峰侵野色，返照出空林。禾滿青無路，溪流

靜有音。雨餘歸徑好，緩步數幽禽。

至齋中

過雨苔光繞院清，松陰滿地少人行。可憐有恨春如夢，誰遣無媒草又生。落盡庭花喧野雀，垂餘簾幕掩新晴。晚來莫遣登樓望，愁對斜陽一片明。

懷蘭厓其旋統四御六諸公濟南

積雨經旬隔往還，懷君勝地慊幽攀。客中好句題龍洞，湖上寒雲對鵲山。處處柳絲縈畫舫，家家荷鏡倚紅顏。菰蒲風起微涼候，一帶溪光晚樹閒。

雨阻西行

不盡西山雨，流雲隔暮村。此時堪命酒，何處啟柴門。石隱青苔合，風來綠樹翻。蕭蕭溪上柳，遙憶一消魂。

柬蘭厓其旋

蘼蕪春盡護窗栽，綠破人歸一徑苔。最喜芭蕉心自束，可憐菡萏不曾開。寒簾兩月香初暖，好夢三更雨正來。北望垂楊城下路，幾時有客並騎回。

送李燕思應試京闈

商飆初動曉雲開，挾策雄遊亦壯哉。千里秋風寒易水，一時白雪重金臺。傳經舊是梁丘易，作賦新推鄴下才。太學從君增氣象，天香滿袖逐人來。

重過彌勒院有感

石橋南去早秋天，梵宇重來十九年。孤磬不聞僧入定，爐香無復篆生煙。溪邊柳色迎人綠，郭外山容入座懸。惆悵浮生真幻影，欲從初地禮金仙。

崋華橋遠望

明湖秋色畫橋東，獨客憑闌望遠空。十里芙蓉開曉露，幾株楊柳待西風。閒雲有意窺珠閣，流水無心出故宮。日夕笙歌聞北渚，一時幽意許誰同。

代壽劉某

風動綺筵試茗柯，南山佳氣鬱嵯峨。家傳太乙藜光遠，節近中秋桂子多。五嶽圖開留絳佩，九如歌奏寫雲和。他年麟閣題名後，還向崑崙餐玉禾。

曉過歷下亭

香滿荷開處，巋然見此亭。泉聲漱寒玉，山色冷秋屏。雨後蘆先白，霜前柳向青。曉風著袂發，橋畔望晨星。

嶻華伏雉堞，空翠落平湖。雲木多殊態，登臨興不孤。荷香山雨細，人靜水禽呼。盡日煙波裏，閒吟對浴鳧。

過龍山再用東坡韻

一痕山色半陰晴，風卷荒原落葉輕。最是優人殘夢斷，遠村驢背聽雞聲。

鴒音

庚戌之歲，予守制家居，裕如大兄亦承祖母，重解任黎城，交盤未結，間歲羈遲，困可知也。夏五月，韓貫四表兄以中翰出為潞安郡丞，冀垂援手，予遂西上斯行也。有數難焉，母老子幼，違制遠遊，租田具裝，冒暑而進，我心傷悲，誰則知之。嗚呼！登眺吟詠，非棘人事，時以長歌代哭，聊具時日，以示有方之義云。題曰《鴒音》，感慨深矣。

送韓貫四任潞安郡丞

除書新拜古岩疆，上郡雄分翰苑光。簪筆十年辭鳳闕，驅車六月出羊腸。〔註9〕山川勝蹟憑高詠，琴鶴餘清對夕陽。到日五龍秋色好，拂雲松柏正蒼蒼。

憶家裕如有作

為感良朋意，能無念弟兄。三年冰雪暑，兩地死生情。自信催科拙，人傳歌頌聲。遙憐東望處，激切歲寒盟。

過鳳山南麓四山欲雨

欲雨連村暗，山容撲翠來。綠深芳樹合，雲淡數峰開。游子情何極，蟲音正可哀。誰將臨眺意，駐馬一徘徊。

聞上臺宴趵突泉，山水暴至及肩，擁立洪濤中，幾不救。几案杯斝儀仗，盡付波中。梨園之沒者二人，輿夫數人，西南關半就漰滅。異哉！詩以哀之

五月天枯如火發，行人嗷嗷望深樾。官衙張宴臨名泉，水清風細沁毛髮。

〔註9〕羊腸阪在城南，蘇屬所云坐羊腸之上者即此。

笙歌鼎沸遏行雲，仙樂飛空處處聞。痛餘不須憂御史，狂歌直欲醉將軍。須臾震霆空中怒，鮫人淚灑馮夷鼓。層冰峨峨卷青山，銀浪滔滔翻翠浦。頹岸摧垣指顧中，小吏驚呼大吏同。彩仗排成魚腹陣，歌兒選入水晶宮。衝波狼狽爭騎入，呵殿無聲金轡濕。歎息驚魂逐去波，夜深還對蛟龍泣。

過曲周城東西作長堤種柳環之

十里長堤漾碧絲，鳴蟬偏上最高枝。一聲黃鳥雙柑醉，到想春風二月時。堤前楊柳鎮青青，日為行人掛曉星。願把長條都折盡，傷心休種短長亭。碧柳參天倚梵宮，千條萬縷舞薰風。散花天女知何處，翠帶垂垂下遠空。

廣平府府東十里間皆柳也

垂楊嫋嫋護長堤，繞過城東復向西。惟有行人不忍折，故園深處鳥空啼。

黃樑夢謁呂公祠

一枕遊仙歷所期，繁華轉眼使人悲。紅塵閱盡邯鄲道，還向黃樑夢裏炊。富貴榮華轉眼塵，偶將枕畔渡迷津。壁間多少題詩客，總是紛紛說夢人。

自曲梁西來數百里皆苦旱

漠漠沙堤白日昏，川原彌望苦征魂。誰憐赤地無青草，衹有紅塵掩綠村。幾處荒臺悲落照，千家古屋見燒痕。書生空灑憂時淚，不及編圖古監門。名山百里愜幽尋，匹馬蕭蕭一徑深。客況自悲逢險路，村名屢辨誤鄉音。泉枯澗底惟焦石，樹老枝頭坐喝禽。那得晚涼飛瀑布，一番新沐寫遙岑。

至東陽關，古壺關也。山形如壺，上有女牆，北岡上如城者一，南北延袤可數十里。考之志云：白起圍長平所築。關則明嘉靖間修，故睥睨皆西向云

斜日岩關匹馬過，女牆高下自巍峨。山分上黨雄圖壯，地控中原戰壘多。碑覆蒼苔迷歲月，人窺形勝寢干戈。攬衣搔首愁天末，渺渺浮雲接潞河。

抵黎城與家兄言懷，遂成五百字

有鳥西南飛，哀音何啾啾。寄棲孤樹巔，四顧無與儔。昔我辭范水，高堂生遠愁。游子黯無言，肝腸曲復抽。豈不戀庭闈，鴒原有深憂。吁嗟懷伯氏，

作令古黎州。春風別薊門，歲月忽如流。屈指三載餘，變故各紛稠。去年當孟夏，祖母困彌留。婺曜中宵沉，君慟隔遐陬。蕭條阿咸歸，行李道路羞。歎息古廉史，妻子豈遑賙。我父時抱疴，藥石不能瘳。西望為君哭，揮涕惓雙眸。昊天胡不弔，風木隕中秋。摧膺裂中腸，愁雲日夜浮。淚盡痲衣血，臘雪窆荒丘。草土三春臥，閉門謝遠遊。五月素書來，跪讀泣下周。當年夜風雨，聯床擁寒裯。文章敦道義，塤篪切綢繆。君今攖患難，宴息忍安偷。冒暑趨濼源，崩浪高肩頭。曲梁更西下，黃埃蔽平疇。高峰插芙蓉，古木偃蒼虯。迢迢壺關隘，茫茫漳水悠。入門悲喜集，簷風夜颼飀。一掬三年淚，吞聲藥在喉。相對語無次，欷歔且未休。但言作吏苦，南冠如楚囚。前人囊中金，後入吻上鉤。長吏急功名，欠冊作賓收。積累四五千，追賠不自由。八口尚嗷嗷，何術裕國籌。語罷復嗚咽，我命真不猶。予為仰天悲，此負將焉酬。家世素清寒，恥為貨殖謀。服官更樸拙，持此安所投。既無點金術，仰屋徒怮怮。慘淡結陰雲，明月掩高樓。君當自努力，衣袽操漏舟。凡事斷乃成，拯溺遑優游。吐者既非剛，茹者亦非柔。所以古人言，為政酌競絿。衮鉞寧有私，冰蘗宜自修。豈容兔爰爰，雉介反遭尤。見晛須有時，神明燭隱幽。至誠感金石，忘機狎鳧鷗。是非一朝明，廉吏復何求。我歸行待君，垂釣臨芳洲。

潞安城隍廟殿後古槐四株，皆圍丈餘

蒼蒼喬木列神宮，清蔭交敷亂碧空。密葉何年驚曉露，枯枝長日吼靈風。花飛苔砌鋪金粟，影入雲霄護玉櫳。自是託根通造化，時聞仙籟月明中。

中秋回黎玉峽，關外南崖石龕中有大士像，幽靜闃，上多古柏，森秀可仰

烈烈炎威驛路長，關山迢遞復殊方。西來玉峽稱天險，東望金輿憶故鄉。十里幽禽鳴灌木，一溪芳草映斜陽。岩前繫馬時趺坐，惟見松陰冷石床。

聖廟古松四株，高數十尺，謖謖之風，如聞簫韶。考其位置，樹先於殿也。右墀二：一東，一西；左墀二：一南，一北

古幹呈雲表，巍然列此堂。蟠根託聖澤，化雨發天香。響欲傳絲竹，年應曆宋唐。高風真可仰，蒼翠出宮牆。

過李衛公祠，祠在道左，前有豐碑，一金一明，筆姿娟秀，皆佳品也。次衛子鎮。衛子廟在山上，山曰清風嶺

石磴偪前路，黃埃撲面吹。空山微子廟，斜日衛公祠。靈雨千秋潤，清風百世師。獨將懷古意，延眺欲遲遲。

遊聖泉寺，寺在城中，前太守蕭青令所建也。舊祇一池，蓄金魚數百頭，此晉地僅有者。蕭環池築屋，架閣疊橋，周以石砌，為殿、為宮、為堂、為祠、為觀，可數十百所，壯麗瑰傑，金碧丹堊，縻金錢無算。聞其修五龍山，工更倍此。人為鬼為，烏得而問之。予題聖泉，得一絕句

月殿星宮俯綠陂，朱鱗映日各參差。風流太守留題處，不似襄陽墮淚碑。

寺中羅漢像最妙好因再題之

一十八尊阿羅漢，各各瑰奇貌不同。我欲此中添一位，披襟長嘯月明中。

遊五龍山，山在潞之東南二十里。古松蔽日，支籬擎屈，大皆十餘圍。謖謖風生，涼侵毛髮。由山背而上，為傑閣，高出雲表。中為五帝像，神農、皇帝、成湯、后稷、唐太宗也。上為大士像，閣前古槐，根蟠數十步，幹剝落，止存一片如笏，枝葉紛披，尚作佳觀。土人云：下古墓也。前為五龍宮，塑五龍像，最奇。中有洞，深不可測，考之碑板，蓋起於十六國時慕容永之世。有五色雲，見東南山上，皆成龍形，後因立祠，禱雨輒應，郡人祭賽者，歲數千緡。又前為龍神大殿，方面石楹，細花奇妙，承之以礎，為象為猰㺄。前為兩廊，神像甚夥，獨機房祖師為智伯，不可考也。為臺門，為大門，廓如也。大門內東偏有元時神井，醫病輒愈，覆之以亭，刻之於碑，云此時取飲者尚有效雲。出大門，為巨壁，為東西龍門，長松環列，霞映高天，可稱巨觀矣。寺東有地，舊名黃梅市，今不可考。東北下澗中，松高四十尺者，皆直如卓筆。中有寺，曰小松窊。李翰林繪先構亭於此，曰松巢。然地峻而偪，不暢遊懷，惟松風可當臥聽耳。山多松而少柏，龍宮臺上有古柏六株，大皆十餘圍，千年物也。東偏一株，半挺間出，永陽樹已拱把，碧葉交垂，更增古秀。日晡回轡，過北董村，村有城，為潞安最饒之地。機坊數百家，不減蘇杭。村落間，繅車繽絞，伯什成群，歲稅萬金矣。得遊山詩六首。〔註10〕

〔註10〕永陽樹，即吾鄉俗名老鴉胭脂也。

山阿古殿萬松涼，□客攜筇到上方。龍去浮雲多變態，風來沁骨有寒香。殘碑著雨封苔蘚，喬木垂柯蔭夕陽。勝地每從閒處得，欲尋丹灶宿雲房。

和謝茂秦壁間韻

山靜多秋氣，疏林出野煙。流雲飛大壑，細雨響空天。高閣全無暑，長松不記年。蒼生應有待，瞻拜徒潸然。〔註11〕

攬衣高閣暫為歡，客裏忽忘道路難。天迥白雲生雨腳，窗虛紫氣吐星冠。千峰野色秋煙淨，萬壑松聲落日寒。乞得石龕棲旅夢，好留清影月明看。

和牛日旼韻

十里松風入望間，偶從暇日出名山。瓊樓積翠龍初起，貝闕封雲鶴未還。不雨濤聲飛澗外，有時仙籟隔人間。坐余孤磬穿林表，蘿薜幽岩試一攀。

懸崖翠滴野風微，坐聽高天雨乍飛。五色蟠龍雲作蓋，千年喬木綠成圍。隔林松韻傳仙闕，倚欄嵐光上客衣。北望紅塵此暫遠，群鴉猶帶晚霞歸。

又二絕句

峰頭遙望雨痕青，紗紗村煙冷石屏。莫道雲來成五色，滿山松柏盡龍形。

古殿蕭森萬木秋，山腰濃綠接平疇。行人指點黃梅市，唯有松濤日夜流。

夜涼甚不能寐時潞方苦旱祈雨而雹

涼入寒裯夜氣闌，天涯游子倍潸潸。窺簾不分惟新月，入夢難拋是故山。望斷白雲連潞水，愁余芳草隔壺關。千鄉迢遞添絲鬢，葉落空庭人未還。

潞城南憩古松下，大者皆連抱，輪囷離奇，妙不一狀。贈之以詩。

來尋壇畔支離叟，幾日重逢意轉親。謖謖好風偏待我，亭亭疏影漫留人。幽靈自可興雲雨，歲月誰能識漢秦。閱盡紅塵悲過客，幾從清嘯拂龍鱗。

拜三仁廟

潞子城東拜廢祠，商賢遺跡使人悲。當年抱器歸何處，惟有清風嶺上吹。

神頭鎮拜李藥師祠次葉文莊先生韻

太行山下衛公祠，千載英靈如見之。志掃鯨鯢抒壯略，〔註12〕材兼文武重

〔註11〕時大旱，祈雨弗應。
〔註12〕用公祭西嶽文語。

當時。旌旗縹緲溪光暗，壁壘森嚴落照遲。獨對西風搔短鬢，殘碑讀罷拂蛛絲。

聽秋夜作

秋聲何處起，一夜枕邊來。老樹風初勁，幽蛩響漸哀。愁思雲外度，歸夢月中回。只恐陽關道，青青草又衰。

坐談聽雨有作

好雨當清夜，高齋寄客愁。滴階成異響，入竹瀉寒流。游子悲無夢，農夫喜有秋。玉關東望處，空賦大刀頭。

村岩籬落

土屋蕭條籬徑斜，亂山深處見人家。輸他野圃秋光好，紅白紛紛扁豆花。

黃粱夢題盧生像

閒跨青駒臥驛亭，仙人何事苦丁寧。盧生果具真仙骨，不到雲陽蚤便醒。

行曲周東西堤柳中物候移人頗動秋思

昨夜西風入遠條，可憐憔悴楚宮腰。征人日暮長堤望，一派蟬聲過野橋。

憶東坡先生過龍山詩因步其韻

銀河斜指見新晴，歷歷星芒夜色輕。千里歸人秋夢斷，郊原無盡是蛩聲。

過古城

古城南望處，獨立晚風涼。亂葉鳴秋雨，千峰背夕陽。柳垂絲不斷，菊破蕊初黃。舊是行遊地，悲歌老樹傍。

上袁撫臺壽排律十六韻

帝京尊左輔，元老壯辰猶。南國車書洽，東郊雨露稠。中天懸福曜，海屋進仙籌。泰岱聲華峻，滄溟氣象收。三公原五世，九月祝千秋。瑞色開金蕊，流霞泛玉甌。鵲湖青鳥集，龍洞紫煙浮。賜履山河壯，傳家經術優。棠陰浹舊澤，椿頌溢新謳。道重身寧約，勳高德更柔。虛懷延下士，惠政恤荒疇。岳降生申甫，朝揆望呂周。茱萸紛絳佩，鸞鶴舞丹丘。令肅旌旗動，風清景物幽。恩能及草木，銘可勒樽卣。麟閣重登處，繩繩似衛侯。

除夕

挑燈此夜坐，百慮息經年。自抱詩書拙，能忘歲月遷。寒冰侵硯北，積雪護窗前。誰遣韶光易，今宵費往還。

終年成擾擾，除夕暗神驚。老大看鬚鬢，窮愁笑獨耕。香隨人意遠，樹遣野風鳴。家世盈門雪，清寒臘復正。

冰凍逼年暮，豪風又此宵。臘歸雪未盡，春入柳應嬌。對酒情何極，攤書意更遙。北堂憑舞處，庭竹韻瀟瀟。

七月十五　　以下辛亥

一林涼月靜黃昏，佳節憐予蚤閉門。幾處蛩吟生暗壁，數聲漁笛入孤村。階前密葉將辭暑，檻外名花懶命樽。徙倚空庭還獨夜，銀河迢遞沒秋痕。

中秋　　是日先君忌辰

萬古中秋月，今宵獨可憐。無心看素影，有淚灑黃泉。露重天如水，蟲多響欲連。南溪寫懷抱，永夜自潺潺。〔註13〕

前重陽一日行風山道中

大野雲初斷，高原禾盡登。人悲行役苦，路憶隔年曾。樹老村煙合，溪回沙岸崩。牛山空在望，懷古一沾膺。

處處秋山好，登臨四望開。霜前收棗栗，煙外出樓臺。最是黃花節，偏多白雁哀。欲尋峰頂路，長嘯倚靈隈。

九日微雨

風雨憐佳節，迢迢悵獨行。寒花開有色，落葉濕無聲。人渡白陽水，秋高廣固城。茱萸且莫問，野菊正縱橫。

九日還家宿邵氏山莊

遠眺情何極，重陽作客遊。寒風雙鬢老，落日萬山秋。村僻石樓壯，沙明遠岸幽。逢君對良夜，把酒破離愁。

孫禹年齋中觀宋搨聖教序及定武蘭亭時蘭花盛開拈一絕紀之

香心旖旎發幽蘭，墨妙臨窗寄古歡。莫遣紅塵更飛到，好留清夢伴松寒。

〔註13〕墓田在村南溪上。

曉月

曉月淡如水，窺人掛簷隙。客子懷不寐，清光照几席。籟靜天宇高，起視明星白。枯苔霜滿地，中庭列松柏。感此凌寒姿，貞心耐蕭索。

夜雨

寂寂寒更與恨長，雞聲合夢到空床。無端一夜松梢雨，兩鬢忽添鏡裏霜。

冬日登古城有感

霜洗郊原四望空，晚來獨眺夕陽紅。山光明滅寒流外，野色淒涼山路中。是處憑高魂易斷，何人懷古恨難窮。垂楊一帶臨珠閣，長對孤城背朔風。

除夕

不覺成除夕，燈前淚欲橫。行藏心不定，去住跡難明。臘意此宵盡，春風何處生。年來多塊壘，感慨幾時平。

鬢眉真自惜，所事一無成。文字懷知己，飢寒愧友生。寸心如鹿覆，雙耳作蟬聲。見說春風意，朝來有變更。

四十五年過，高堂對老親。難將終歲意，輕向此宵陳。世路愁千折，浮名誤一身。庭前有積雪，清白若為鄰。

元旦試筆　以下壬子

中夜雲霄迥，天心轉歲華。春光來院宇，喜色上燈花。樹杪星河淡，雞聲煙火加。欲占新氣象，萬里靜無嘩。

登李氏溪北閣眺望同涇陽李劬庵

擬從簷外接山光，攜手憑欄對夕陽。含凍幾枝梅未白，隔鄰一樹柳初黃。雪消遠岫看溪水，塵滿春風怨畫梁。無那秦川西望處，寒煙野色正蒼蒼。

飲李岱源齋中觀褚河南蘭亭同李劬庵李又何

春雪明簾外，與君升此堂。相逢文字飲，不厭酒人狂。禊帖千年舊，離思一夜長。松濤寫逸韻，流響徧迴廊。

慰韓光啟哭子時有壽星見於庭故中及之

君家愛子掌中珠，十二年來何須臾。偶向塵寰試恩愛，來從泰岱孔釋俱。

神姿朗朗如秋水，玉膚湛瞳類佛子。骨肉離合亦假緣，琪花頃刻無常理。春閣高吟待曉風，漏沉秋雨響梧桐。春風秋雨多惆悵，一曲瑤華歌未終。謝家玉樹齒居四，伯仲之間成進士。錦堂歡聚可人憐，盈滿誰知為物忌。黃花九月照金尊，從此飄然合斷魂。自是謫仙終厭俗，那令芝草竟無根。佛跡仙蹤正難測，化作兩翁似南極。小者在前大者後，月夜空堂見顏色。休窮碧落與黃泉，信有人間未斷緣。欲嚮往生尋秘訣，蚤從前世悟真詮。西河有淚休輕墮，紙上熒熒散珠顆。見說聞吟顧況兒，倏去倏來何不可。蚌裏明珠未可量，預向樽前索餅湯。定知當日留環處，有子重來探故桑。

觀宋大觀制五禮碑帖次黎民表原韻

落日城邊人影倒，衝寒憶出元城道。漠漠黃塵上客衣，路傍豐碑臥荒草。螭文鳳篆埋征沙，野老為予興歎嗟。制出當年道君帝，大楷精妙如琅琊。不獨溫麗插花格，亦復飛動驚龍蛇。奎藻風流亦令主，能以精神運規矩。祇今零落可人憐，一藝之工自可取。茫茫漳水沒天雄，化為猿鶴與沙蟲。惟有青燐照白地，征旗古戍搖悲風。文字半隨風雨剝，盤龍九首泥沒角。蒿萊何處覓行宮，花石荒涼同艮嶽。對君展帙若為悲，猶見當初全盛時。祇徊往事十年後，誰向荒原重問之。

久雪初晴步月

入春連雪三十日，好月忽臨快一宵。滿地松陰鋪舊色，半窗梅影露新條。分光自向階前立，忍冷還從林外招。此夜客懷清不寐，空庭如水篆煙消。

甘露寺訪李劬庵不遇

僧舍重尋已八年，石壇松徑冷茶煙。我來斜日聞鍾磬，何處豪吟問謫仙。

清明湖上對飲

夾岸晴莎照水湄，驚心猶是禁煙時。湖光微動分青靄，山色遙臨俯綠陂。客舍秋韆春婉轉，故園楊柳夢參差。銜杯藉草當佳節，獨對東風寫竹枝。

問柳

湖上春風倚畫橈，憑闌東望綠迢迢。最憐堤柳垂簷外，不見當年舊板橋。
一灣流水橋邊路，二月春風湖上臺。怪煞東君更多事，吹將柳眼為誰開。

春晚

客舍悠悠欲暮春，半隨風雨半成塵。離亭花事愁中老，湖上山容雨後新。兩岸柳絲青映閣，一溪芳草綠憐人。飛英逝水無消息，獨立長橋倍愴神。

無端

無端逐馬足，不敢作遊人。驛路千林雨，明湖三月春。客懷真落拓，好語亦酸辛。從此甘丘壑，蓬蒿莫厭貧。

湖亭小集次壁間韻

暖風款款柳陰碧，山光遠侵湖波濕。幾個水禽當檻鳴，一叢細竹穿林出。古寺幽森壓女牆，翠柏蒼茫不可即。篷窗月上淡忘歸，為憶昔遊心若失。

贈家紀甫用李北海登歷下古城起韻

吾宗固神秀，登壇方盛年。壯略抒岩疆，十載勳名全。攬轡臨桑梓，建牙崤湖邊。海岱正清謐，投壺慕昔賢。射堂雅歌集，和風被管絃。歷山及華注，翠色落尊前。暇日出芳林，飛鏑驚鳴泉。銅焦入夜靜，春城北斗懸。圯上曾授書，黃石契真詮。河北家聲舊，雄姿眾所先。聖朝重才武，圖形繼凌煙。

李劭庵西郊招飲不赴

濼源西去路綿芊，有客攜壺坐野煙。怕向紅塵逢醉尉，誰從白雪問前賢。愁中好句不如意，客裏春光亦可憐。湖上夜來寒食過，長堤且對柳絲妍。

歸來

歸來三月暮，樹色淨朝煙。花落香空在，苔空竹自穿。撫心成戲耳，回首竟茫然。傲骨今消折，南村學種田。

詠梅用家秋弦見贈之韻

老梅結伴已多年，茅屋書圍恰自然。好夢欲尋清不寐，道心纔悟靜如禪。明珠萬顆香初破，鐵幹幾枝韻更妍。海上有詩曾寄我，祗應白晝看雲眠。〔註14〕

庭中有感用家兄韻

庭院歸來感落英，蚤驚枝上囀倉庚。梅花半卻香仍在，滿地榆錢草又生。

〔註14〕用東坡句。

題孫孝堪小像

最愛桐陰，爽氣更尋。怪石為儔，揮扇科頭。獨立其人，已足千秋。

贈李生仙臣次友人韻

藥石河邊高士巷，朝霞遙映一林偏。陌頭密葉青如蓋，檻內名花紅欲然。客子微吟詩律細，主人歡遇酒杯傳。還期共醉千峰下，莫負山光在眼前。

登大澤山白雲峰絕頂

石磴蒙茸一徑分，客來攜杖斸層雲。空青不辨人間色，好句祇應天上聞。無數泉聲飛峭壁，有時鐘響落斜曛。危橋逼漢通仙境，指點群峰下界紛。

五日壽張夫子

絪縕佳氣正天中，絳佩榴花散曉紅。人向槐堂分化雨，鶴立瑤草立薰風。群瞻北闕恩初下，自愧南山賦未工。此際明霞高望處，仙籌已貯赤城東。

望高望山示同行

好山如妙麗，朝沐更可觀。高鬟露雲表，黛色一何勻。密意澹忘言，靜中聞笑囀。我欲抒懷抱，承之以素巾。移置几案間，朝夕豁心神。客子忽大笑，設想胡不倫。莫謂愚公愚，吾子其後身。余亦劃然嘯，所得在其真。具此幽異姿，慧骨本嶙峋。凝眸即在望，處處煙巒新。譬彼西湖色，移贈苧蘿人。

登蠡勺亭觀海

碧殿珠宮沙麓幽，憑高延眺此登樓。孤城雲卷濤音壯，大野風來麥浪秋。入望混蒙同一色，連空雲漢不分流。欲尋縹緲三山去，鼇背寒生迴自愁。

萊州留別黃子厚年友

歲歲念吾子，相逢到海隅。可憐雙鬢色，得似十年無。多難身猶在，高吟興不孤。九青山下路，別淚灑窮途。

一囊詩卷細，慘淡未開顏。吟罷存吾拙，鈔餘待爾刪。懷人耽夜雨，幽夢隔重關。此後鹽山道，征車好共攀。

遊九青山同張孔繡李仙臣家秋眩

逸興臨滄海，忽與九青會。結伴試躋攀，晨光霽青靄。山腰瀉明鏡，瀑布

抒銀帶。廢騎理短筇，壯意薄雲外。張李競捷足，仲兄解衿襘。居高雙膝卷，
崑隙暫舒泰。石樓聳道周，十丈擎飛蓋。漸至流雲峽，石礴澄素瀨。峰巒何峭
拔，顧予意藹藹。招提隱深松，清磬聞香碣。矯首逞極望，群峰盡狡獪。壁立
萬仞間，綠秀直如繪。北峰佽鶴翔，兩翼飄雲旆。西岩渴龍怒，下飲乳泉霈。
琳宮映殘霞，靜聽水石磕。蒼苔拂碑讀，興廢殊增慨。放腳□層雲，頂踵相加
害。乃登觀音岩，空嵌無根蔕。頑僧扣鍾玷，餘響猶㘗㘗。袒裼穿石洞，窺牖
覺天大。更陟白雲巔，仙橋隔塵壒。危趾任孤身，杖策無所賴。下視盡培塿，
沙河同溝澮。振骨叩蒼穹，凌風發清籟。溟渤惟一碧，連天注汪濊。遵山復北
折，瑞雲〔註15〕若仙娩。老步猶爭健，從者或狼狽。窈窕碧霞宮，仙文啟十賮。
山狗臥天泉，幽潭通地肺。奇樹被岩阿，蜿蜿潛龍蛻。銀杏蔽青霄，金鱗現淘
汰。傍晚僧偈聞，經壇吹梵貝。皎月出幽林，靈風動佛旛。解衣一磅礴，濁酒
登魚膾。月臺揖南屏，擎杯時一酹。仰視西北峰，晉楚狃陳蔡。暝色何茫茫，
松濤疑雨沛。僧房相枕藉，日觀待詰昧。荒雞試初聞，芒屩穿林薈。努力趨東
峰，造巔夜未艾。斸石亂雲根，板蘿度松檜。不辨鴻蒙色，海日相擊汰。靈景
曜扶桑，下界仍昏昧。二勞指顧間，攬取忘奢忕。游子意迢迢，俗緣翻綷□。
回首認來途，西門正及兌。神飛臨大墼，促足防顛伂。宛如晉漁父，桃源偶一
愒。咫尺隔仙凡，塵鞅等械欽。漫天車馬塵，投身苦無奈。蒼翠列芙蓉，還顧
心如忢。外此豈無山，神韻俱粗糲。他年當卜居，佳處此中最。山靈或見客，
俯首回空丏。

觀海後二首

到海知山盡，滄波倚檻來。乾坤憑吐納，島嶼自縈洄。曉日風煙息，平沙
古殿開。朝宗還此地，尚想濟川才。

茫茫流萬古，崩浪接雲隈。蓄瀉知何處，神山竟不回。靈風吹畫壁，老樹
倚層臺。我亦忘機客，群鷗莫更猜。

三月客濟，飲湖上亭，和壁間詩。時元倡已失，及讀息軒刻新成諸詩，乃知王子下先生辛丑秋泛湖作也。慟悼之餘，再和一章

湖上春風垂柳碧，對酒題詩墨痕濕。彭澤每思陶令歸，東山只望安石出。
宦海十年幻影空，魂去魂來那可即。誰憐華屋共山丘，一慟斯人心若失。

〔註15〕北峰名。

乩仙紀事

一夜凉思入遠汀，杖藜前渡訪仙扃。帷中縹緲香仍在，紙上翩翩墨有靈。萍水逢君開秘籙，萱闈許我祝遐齡。何年更授長生訣，坐對三山雲葉青。〔註16〕

空堂彷彿似仙來，潑墨煙雲葉葉開。肯向人間留姓字，還從世外說蓬萊。〔註17〕一聲鶴唳千峰曉，幾度滄桑午夢回。莫笑書生無道骨，他年重遇是天台。

閏月七夕

此夕仍逢閏，銀河露氣偏。且停今夜織，重理舊時緣。斜月臨高樹，微凉起暮煙。天孫莫惆悵，再會復經年。

秋日寫懷用安素中韻

籬外黃花倩竹扶，空亭坐對鳥相呼。微雲綠樹陰仍薄，不雨寒苔日漸枯。遠浦波明看渺渺，高原秋老歡臚臚。十年貧賤逢今歲，何處萍蹤可寄吾。

禾黍虛占似有年，夏蟲秋旱鎮相連。憂時自分身將老，樂土知從何處遷。幽夢乍迴腸易斷，中宵獨步月初圓。紛紛架上殘書帙，吟罷焚香弔遠天。

遙指西山憶舊遊，曾經嘯詠破閒愁。嗣宗岐路真堪哭，王粲依人自足羞。幾處浮雲勞遠望，一聲孤雁失清謳。秋來不為傷搖落，獨往深林坐水頭。

纔脫沾人秋後蠅，半床枕簟夜如冰。愁來濁酒逢人醉，老去浮名不自矜。悵望山頭雲片片，凄涼階下葉層層。此生端欲求詹尹，鏡裏霜毫今又增。

九日

階前黃菊正離披，獨步空庭日暮時。莫把重陽竟虛度，且尋紅葉一題詩。

佳節登臨處處宜，十年魂夢苦相思。祇今黃葉當樽落，還憶秋山夜雨時。

一度秋光一度新，況逢重九倍傷神。樽前相對忘言處，惟有黃花是故人。

除夕

風波閱歷復經年，此夕挑燈欲問天。書債驚心閒歲月，名場回首付雲煙。筵前酒進椒花頌，膝下兒分守歲錢。試探春來好消息，驛亭柳色鬭新妍。

歷下亭眺望　以下癸丑

春入明湖淑氣新，女牆高下接湖濱。孤峰檻外青如舊，官柳亭前綠未勻。

〔註16〕予問母壽，有耆年之示。
〔註17〕為韓公題扁書蓬萊小閣，呂岩題筆意如王大令云。

又是一番新物候，獨憐千里老征塵。東君有意留青眼，淨洗波光照遠人。〔註18〕

禹城道中和王阮亭壁間韻

遠浦寒煙畫不成，長途白眼一狂傖。荒荒落日明高壘，漠漠春林帶廢城。千里擔簦懷舊業，十年作賦愧浮名。上元纔過兩三日，細柳條條綠欲生。

寒食天寧寺示同寓諸子

禁城春色徧，寒食又今朝。御柳風前碧，桃花陌上嬌。香塵逐去馬，錦帳列平橋。蘭若經行處，芳樽可共招。古塔護春陰，招提悵獨尋。孤燈游子夢，佳節故鄉心。草綠石臺潤，花明野徑深。何當邀舊侶，把酒望遙岑。

贈天寧寺僧

曾共蒲團坐，無言對妙香。浮雲萬慮息，明月一心涼。鈴語聞天界，松陰冷石床。慈航如可借，塵海正茫茫。

出都

帝京寒食過，歸路出天涯。塔影分殘照，河流隱斷沙。近城惟柳色，隔岸見桃花。駐馬長堤望，千林正晚霞。

涿州道中

漸與西山遠，岩城倚日邊。地形分涿鹿，天險護幽燕。巨馬來雄塞，長虹俯逝川。古碑憑讀處，興廢感當年。

春林

窈窕春林路，芳菲入望來。紅霞真似錦，綠樹淨如苔。遠浦孤帆峭，荒城畫角哀。歸思正無賴，回首是金臺。

白溝河

曉月征人夢，春風古戰場。樹中溪水白，沙外陣雲黃。人閱山川老，愁隨道路長。登臨時極目，野色盡蒼茫。

途中有懷曉生西櫺寧子及家信我

曉風吹客夢，迢遞悵離群。佛火原同照，鐘聲幾度聞。開簾曾對雪，把酒

〔註18〕時予北上。

憶談文。何事盧溝水，征車各自分。

蚤發商家林

南望幽林路，平蕪散曉煙。餘寒猶惻惻，鄉思故綿綿。遠岸經春路，野花向日妍。往來過此地，雙鬢惜華年。

德平道中懷葛向五

斜日平昌道，重來十七年。溪邊增柳色，郭外繞春田。劇飲思紅燭，徵歌想翠鈿。懷人江上月，別後幾回圓。

野望

野色涵空翠，春林嫋曙煙。風沙游子路，芳草暮春天。隔水僧房閉，孤村綠樹連。浮生多感慨，幽意復誰傳。

見長白山

故鄉山色好，朝夕況為鄰。一別每相憶，千峰忽與親。嵐光餘霧氣，翠黛接芳塵。微雨明朝過，修眉望遠人。

麻姑祠

碧殿石橋側，滄桑閱古今。丹砂不可見，囊酒杳難尋。綠樹翻平野，紅霞出遠林。南山空翠滴，煙靄露嶔岑。

歸家

遠道衝寒雪，歸途又晚春。艱難雙鬢改，羞蕊一囊貧。曉月桑乾水，天風紫塞塵。蓬蒿三徑在，溪上且垂綸。

題松鶴圖上張受庵夫子

虯柯百尺立晴暉，皓羽蹁躚望紫微。唳向九皋通絳闕，五雲深處映朝衣。

長歌送王生入都

浮雲片片愁如火，五月薰風動庭柯。男兒失意逐征塵，南北奔馳無一可。王郎斫地歌仍哀，明朝匹馬向滹沱。與子十年作比鄰，貧賤幽憂同轗軻。今春罷戰黃金臺，文章妒命原相左。我歸君去恨迢迢，落日黃沙深沒髁。世路蹉跎

何足論，握手無言淚偷墮。年少奇才莫浪拋，珊瑚寶劍垂金瑣。秋風待子賦歸來，開尊共摘園中果。

壽李分司

十二河山據上游，赤城東望紫煙收。水晶一勺同官況，又進蓬萊第幾籌。
六月香風滿芰荷，玉函山色映湖波。須知龍月蟠根處，惟有西來紫氣多。

苦旱和念東先生韻

良苗驚說此仍存，旱甚無緣叫帝閽。好月一林清客夢，狂風幾日惱花魂。
黃埃自歎愁中老，綠樹空悲原上村。那得晚涼飛瀑布，憑闌山色細推論。

喜雨

涼雨忽來熱暫收，倚闌長嘯失閒愁。乍臨高閣全無暑，頓起枯禾定有秋。
臺畔綠陰堪載酒，溪邊青雀想乘舟。因風便合凌雲去，回首炎歊隘九州。

候仙園

婉轉迴廊抱曲河，青桐一碧手摩挲。虛亭晚照留仙契，涼雨朝飛散宿疴。
勝地尚存題石句，舊遊空憶採蓮歌。最宜銀浪南山下，一洗塵心付逝波。

留別念東先生次原韻

欲將胎息煉嬰兒，愧我年來鬢向絲。易墮幼緣如蟻聚，難忘結習類龜茲。
西山雨過雲生處，南浦人歸月上時。杖屨追隨還有約，千秋風雅是吾師。

立秋夜

夜聽忽疑雨，虛堂客夢回。涼風吹硯竹，曉月墮庭槐。何處秋聲起，偏從
桃上來。懷人清不寐，蟲響徧寒苔。

石隱園雨中

石上苔初潤，林中暑漸收。蟲鳴蕉葉雨，魚戲藕花洲。薄霧生簾幕，涼颸
下遠樓。到來成隱趣，偏愛薜蘿幽。

檻外絕塵事，微雲濕綠天。雨來鄉夢破，風定露珠圓。怪石蒼苔老，空庭
綠樹連。客心無著處，三徑足寒煙。

石隱園夜坐

雨歇石苔淨，秋林綠欲攢。祇緣清不寐，翻覺夢難安。蟋蟀傳餘響，芭蕉生暮寒。忍將搖落意，空對野雲看。

七夕歸途

片月出山頭，林煙淡不收。可憐乞巧夕，還作客中游。露重雙星暗，雲來萬木秋。前村人渡處，沙淨水空流。

秋日感懷次畢載積先生韻四首

此生端合老漁樵，感慨春明憶舊僚。寂寞一燈遲夜月，艱難雙淚滴清宵。芙蓉露冷金飆入，楊柳歌殘玉塞遙。祇有蓬蒿三徑在，不堪回首夢金紹。

舉足畏途易惹嗔，人間何處可容身。惜將文字全成錯，笑把功名太認真。意義千秋空我輩，漂零十載復誰論。西風鎮日頻搔首，不及忘情太古民。

幾番學佛更修仙，愁說滄波亦作田。我已灰心同槁木，誰能洗耳枕名泉。秋宵暗壁蟲吟細，野樹流雲夜色便。明月半床花露冷，征人迢遞不曾還。

短鬢驚秋恨欲斑，夜深蛩語隔重關。香生野圃花三徑，雲散高樓月一彎。最喜園林邀客夢，偶成詩句避人刪。年來傲骨全消折，手住雙頤望遠山。

陸硯歌為載積先生賦

遠心亭前雨初歇，秋煙拂拂飛林樾。先生掀髯正揮毫，顧我開匣映心月。何來古硯圭角奇，紅絲膩玉盤雙螭。墨花慘淡涵秋水，石髓蒼涼卷綠漪。婉轉驚看更嫵媚，底署心太平庵字。知是當年老放翁，攜作劍南帳中秘。恐留世上少知音，拋向瞿塘閱古今。神物輾轉幾千里，驚濤夜伴蛟龍吟。道士狀〔註19〕邊時一聽，刺史談詩意相稱。〔註20〕躍隨漁網出波心，借手為君發清興。官閒長日手摩挲，拂硯吟詩對茗柯。尤物得所原非偶，學古全功奈爾何。〔註21〕自從五馬江干別，過眼浮雲殊不屑。歸來石隱作石交，芭蕉露滴寒光潔。幾番把玩精神生，高天曠宇秋復清。勸君飽墨注秋水，一酬萬古寒江情。

題粵東張穆畫竹

數竿嫋嫋受風斜，嶺外煙雲便是家。羨煞幽禽獨立處，一般清夢過梅花。

〔註19〕江水名，漁者得硯於此。
〔註20〕公最喜放翁詩。
〔註21〕用陸句。

西歸雨甚

葛衣涼透漫為蓑，馬首沖泥晚渡河。乍見洪濤翻綠野，忽疑銀海浴青螺。荒村瀑布石磣沒，遠浦寒稍頹浪過。東望流雲歸徑黑，由來行路苦蹉跎。

七月望日

焚香拜罷涕潸然，佳節驚心暑氣遷。佛法盂蘭集福會，俗家瓜果薦新筵。思親淚落經秋雨，感遇吟成咽暮蟬。呼向□天魂痛折，空林明月自娟娟。

奉懷石隱園主人

曾聽夜雨綽然堂，幾樹名花暗送香。今日故園秋色裏，不堪蕭瑟對斜陽。黃葉初飛綠欲殘，夜來枕簞入輕寒。遠心亭畔田田葉，碎打瓊珠誰與看。怪石峻嶒起暮煙，一尊曾與月留連。鄉心忽入秋聲裏，蕉雨荷風俱可憐。檢點殘書手自編，紫薇花上月初圓。遙知別後懷人夜，滿榻秋風冷硯田。

紀事

鳴鑼飛蓋入窮鄉，驚報持符縣吏忙。二麥已枯猶辦稅，三秋未熟早徵糧。典衣鶉結人爭笑，鬻產石田我自荒。總繪流民誰與奏，催科稍減頌陶唐。

淄川聖廟古檜篇

聖澤洽萬物，靈根發華滋。大材本天成，擢幹表楨奇。猗歟大成殿，輪奐殊恒規。崇臺高數仞，般水掛簷楣。古檜十三株，左右列參差。高風何蒼翠，黛色蔭兩墀。大小質不同，歲月曆均之。疑是周秦物，凝和保天時。各各呈異狀，巍巍峙雄姿。左列厥數四，三榮其一萎。榮幹綺中霄，日月相蔽虧。柯上忽拳曲，附身而倒垂。下可二三尺，龍鱗液玉脂。柯幹腠理合，敷榮更紛披。王德及草木，瑞為連理枝。知是何年代，聖化隨所施。北去未逾步，一株近臺基。糾結意親婉，苔蘚溜霜皮。一萎作戟形，微向兩株欹。迤南復東偏，虯柯匪等倫。輪囷怪石綴，瑟瑟靈風吹。爪距蟠空下，攫拏如蛟螭。右者列兩行，一株當南陲。圍周七尺六，偉麗無偏枝。密葉驚風雨，團圞復葳蕤。西北尤辣立，完美無微疵。昂然群列中，瞻仰為眾師。或如削珪立，半面雕追蠡。或如三侍講，對映飄鬚眉。欲作過庭趨，環佩迎朝曦。其二雖已枯，鐵幹永不糜。一株如偃蓋，翻身西南馳。常恐掠地僕，扶植豈人為。眾寡勢錯落，東西各有宜。盡飽煙霞色，豈為雨露私。昔予舞象勺，童稚相追隨。循牆窺聖宇，香風

拂尊彝。謖謖時傾聽，黃雪落微颸。其時文物盛，輝光照壁池。俯仰三十年，令人感興衰。茂草滿階砌，蟎蒸暗罘罳。殿廡既崇煥，培護豈容遲。佐之以弦誦，時聞竹與絲。習之以禮樂，春秋肅威儀。物理因人茂，斯文猶在茲。其上為龍鳳，翔舞亂雲旗。其下拔重泉，連葉產靈芝。秀浮夾轂雨，蔭接孝河湄。再歷幾千年，歲寒終不移。矯矯後凋心，萬古興人思。

挽李藥房

少年才子美琳琅，蘭蕙忽摧怨蚤霜。五世未傳宮保澤，千秋空惜令君香。親從廟祀堪嘔血，〔註22〕詩痛鶺原欲斷腸。〔註23〕八十慈闈二幼弟，泉臺餘恨總茫茫。

挽馬宛斯

齊魯尊文學，斯人久著聲。圖書窮上古，〔註24〕風雅溯西京。政可談經術，忽然厭世情。牙籤香粉在，應未愧平生。

挽王西樵吏部

我為斯文哭，泉臺君莫悲。修文應有待，作賦豈容辭。情至圖書重，〔註25〕名留天地知。祇今成不朽，何必羨期頤。

再哭李藥房二首

長瓜王孫作賦忙，清秋薤露泣晞陽。玉樓代須君家筆，千古傷心是李郎。
尚書歿後四年餘，刺史騎鯨昨歲除。不道謫仙真厭世，白雲秋夢眇愁予。

長歌贈張久迪赴靈壁兼訊李蘭厓

一夜涼風透簷隙，愁思忽如遠行客。剝啄扣門倒屣迎，張子何來鬢如戟。未坐欷歔雙淚出，我欲別君赴靈壁。靈壁之令馬宛斯，昨日人傳今易簀。聞言大叫排閶闔，上訴巫咸招魂魄。宛斯奇人有奇嗜，讀書好古探秘冊。矻矻晝夜三十年，圖書左右圍香澤。幡閱縹緗幾易真，千卷史成名曰繹。淮海徵匠登棗梨，盡償官俸甘窮瘠。一更清儉仍書生，三年校讎積點盡。聞道秋來功告竣，鴻蒙日

〔註22〕以奉尚書入祀鄉賢，因病咯血。
〔註23〕公兄刺史卒，傷悼成病。
〔註24〕公搜開闢以來及三代書史，合成《繹史》。
〔註25〕公集古今名媛成《燃脂集》，朱鳥遺也。

月重開闢。何為斯人竟溘然,石火忽消電光射。連朝哭友淚紛墮,無如宛斯更傷嗟。王子西樵李藥房,那堪一旦幽明隔。庭下徘徊落葉多,與君泛濫苔光碧。丈夫須留世上名,欲存此公在遺籍。伏哭東床定有人,為我持詩問李白。

孝子王樵墓　在邑西關之北

廿年重踏城西路,下馬溪邊拜古墳。久識高風懷孝子,每從繭室誦遺文。西山翠滴秋林雨,瀧水波寒日暮雲。失意何妨稱贅世,一壞荒草付斜曛。

蘇相墳

橋畔何年墓,人傳蘇相名。生前六國重,死後一身輕。野水石樑斷,山花驛路明。牛羊不可禁,落日下荒城。

阜山寺

野寺荒山裏,停鞭謁帝宮。石臺看落日,松徑引微風。遠岸雲初起,秋林葉漸紅。行人佇立處,犬吠竹籬東。

答唐濟武太史用來韻

夜涼靜聽秋聲起,籬外草蟲鳴不止。挑燈坐對松影寒,明月乍出疏林裏。少年華髮驚時節,便欲學仙歸貝闕。十載勞心思探珠,半生失計空磨鐵。神仙何必厭妻子,秦樓弄玉隨蕭史。織女黃姑會有時,別床異被徒為爾。先生聞道何其早,紅塵莫惜知音少。須從火底現蓮花,肯向秋原同腐草。與君試訪殷七七,至道不煩惟守一。天台有路度石橋,水流定泛桃花出。

贈畢孝先先輩

水亭長日苦淹留,喜得相逢話舊遊。自是懷人多怨別,那能為客不驚秋。感君憔悴安仁鬢,顧我漂零季子裘。搖落西風搔短髮,且將樽酒破牢愁。

夜飲綽然堂檢白燕集醉後拈賦

皎羽盈盈雪作妝,月明庭院影微茫。春來舞亂千林絮,秋去襟沾一夜霜。縹緲霓裳窺畫棟,橫斜銀剪掠池塘。勸君且莫輕飛去,好伴梅花上玉堂。

歸途過青冢山下

驅馬荒山下,高原一徑通。雁聲忽北望,客路又西風。潦水全成碧,斜陽欲散紅。登臨多勝概,歸思惜匆匆。

述懷 〔註26〕

攤書常是一床滿，為客忽驚九月來。菊蕊從知今又破，藕花曾及見初開。秋林葉落燈前雨，旅夢蟲吟石上苔。已近重陽歸未得，雁聲愁絕向人催。

修邑志成別載積先生東還

此夕忽成別，秋風滿座涼。論文山吐月，對酒樹生香。不厭杯中綠，愁看陌上黃。明朝長白道，野色黯河梁。

興廢何年事，朝朝費討論。山川留勝蹟，人物寄微言。懷古思前輩，題詩憶故園。此心良足慰，直道恐難存。

經時陪杖屨，高誼古人同。舊硯磨朝雨，名花度晚風。交情遠更合，逸興杳難窮。回首清尊夜，徵歌入碧空。

九日諸公攜妓登山賦此寄訊

巂山東望處，古殿出雲阿。令節宜吟眺，綺筵自薜蘿。佳人能趙舞，上客解吳歌。千載扶風悵，康成今又過。〔註27〕

戲成二絕再呈載積先生

黃菊空山九日秋，雙環低按古梁州。聽來刺史腸應亂，滿把茱萸泛綠甌。

蕭蕭紅葉滿空林，翠袖斜穿薜荔深。攜手歸來山下路，偷將帶草結同心。

將赴之萊行青州道中有感

輸稅真無術，窮途誰與憐。青山游子路，紅葉晚秋天。濟世思金穴，謀生愧石田。夕陽看欲下，驅馬趁炊煙。

曉行

斜月林中見，疏鐘遠處聞。客衣沾霧濕，驛路隔溪分。平野連雞唱，酸風失雁群。海濱秋正熟，遙望意殷殷。

伯夷待清處　初在山上

嶒嶒石路過林灣，拂讀殘碑雨後斑。一代清風留北海，千秋廟食重南山。采薇歌怨黃虞後，扣馬名存天地間。正好學君成餓死，首陽西望涕潸潸。

〔註26〕時客石隱園修邑乘。
〔註27〕山上有鄭祠。

見壁間詠柳詩用其韻作秋柳一章

回首春風憶舊時，河橋霜露綴殘枝。已無飛絮連空舞，惟見長條盡日垂。玉笛淒涼如有恨，金城搖落不勝思。征人向晚離亭過，黃葉紛紛拂鬢絲。

灰埠道中風雪寒甚

昨宵寒雨渡新河，灰埠平明雪又過。失路更悲行役苦，殘秋惟有客愁多。千峰雲暗青山色，萬疊潮生碧海波。何日登臨探勝概，天風要幼喜婆娑。

入萊之夜兩背為風寒所觸夢中呻吟掃砌先君乃挽帚助掃伏枕慟悼和淚成詩

旅病殘秋夜，親容入夢來。似憐兒背痛，為助掃寒苔。貧賤浮生老，艱難冥路哀。比年不得意，何計慰泉臺。

夜行膠東道中

秋盡南過萊子城，海濱風物逼霜清。隔年山色渾相識，〔註28〕半夜征人夢不成。太白分芒群霧斂，九青如黛曉煙平。亂流明滅前村渡，銀漢高懸雁字橫。

平度州宿家信我兄學署

繞過萊子又膠東，暫解征衣繫轉蓬。夢裏紛紜惟搏鬼，更餘長短付焦銅。虛齋菊影媚窗月，古殿槐柯響夜風。向曉客程西去後，不堪回首悵離鴻。〔註29〕

東武學署即席贈康宸簡表弟

海國秋高落日寒，雲沙漠漠撲征鞍。到來且喜良朋聚，坐久忽忘行路難。對酒金英無俗韻，留人玉漏惜清歡。琅琊臺上風煙息，乘興還應賦紫瀾。

山中柳

霜入秋林紅葉飄，空山流水度平橋。傷心最是溪邊柳，獨立寒風弄舞腰。

將入都門過畢載積先生雪中夜飲綽然堂兼訂邑志

朔風吹雪上征衣，落日西山隱翠微。野色半浮新畫閣，松濤還響舊漁磯。當杯且莫傷離別，考古何能訂是非。勝日登臨原有約，間關千里寸心遠。

〔註28〕去歲曾登大澤。
〔註29〕夢亡友數人相擊而寤。

龍山道中有感

出門悲遠道，千里更如何。故壘荒平陸，寒冰斷巨河。樹頭殘月隱，驢背曉霜多。祇此令原意，紅塵換薜蘿。

景州道中和壁間徐健庵年友韻

雪暗平林辭故山，長安游子幾時還。無端淚落征衣濕，須折寒風變客顏。

途中見佛寺綠柳成圍感詠

道上緇塵十丈高，行人冰淚滴征袍。老僧自種溪邊柳，獨坐柴門看翠濤。

入都寓金魚池側寺中

御溝水繞帝城東，乍脫緇塵入梵宮。玉宇平臨池上月，金鈴微響夜來風。潭煙霜淨蘆花白，佛火宵懸貝葉紅。欲向九重瞻氣象，迢迢雙闕五雲中。

寓中夢畢載積先生

忽來忽去夢魂驚，幽恨無端最不平。千里故人纔一面，半窗明月恰三更。霜寒蘆荻圍蕭寺，風卷塵沙暗帝京。何日歸臨長白道，清尊滿酌慰離情。

送裕如大兄早朝時補臨淮令

曉月瞳朧出上方，早隨鵷鷺入班行。十年自信讀書力，千載應為祖德光。寶炬乍開搖佩影，御煙初散惹衣香。從來河北家聲舊，奕葉騰輝正未央。

寓中見盛聞甫歸山右

北地寒方勁，客中人漸歸。如何游子夢，不向故園飛。冰淚隨孤枕，緇塵上旅衣。蘆溝風雪道，空使寸心違。

有感

殘冬蕭索滯京華，憂患無端鬢雪加。千里寒威衝朔漠，九門長日苦風沙。殊方驛使雜蠻語，別館絃歌咽塞笳。回首白雲萌水上，那能游子不思家。

慈仁寺松下

古殿岧嶤俯禁城，空階長日瀉濤聲。虯柯幻作蛟龍怒，清梵時聞風雨鳴。一自蟠根依淨土，千年摩頂證無生。石苔坐對忘言處，翹首西山檻外明。

見刻詩有懷紀伯紫

不見鍾山老，忽驚十五年。離憂集歲暮，遠夢隔江天。雅道憑誰續，新詩獨爾傳。古交堂畔月，空憶故宮篇。

贈別管翰公

天下才名舊，相逢意氣深。那堪揮手處，猶見古人心。佛閣憑誰眺，松濤恨獨尋。還將山水意，別路感知音。

贈紀伯紫用元韻

好友虛良願，千秋事若何。能堪閒歲月，都向客中過。松夢因風遠，鐘聲逼枕多。新詩把淚讀，吾輩久蹉跎。

寒燈明古寺，斜月滿空堂。畏此風沙路，因思薛荔居。論交詩帙舊，懷古素心長。寡合憐予僻，如君詎可忘。

聞鐘

靜夜鐘聲出上方，客心清聽轉悲涼。閒中喚世消塵慮，夢裏催人別故鄉。敲罷枕邊衾似水，數殘窗外月如霜。最憐咫尺西門道，留滯禪關恨渺茫。

答贈秦以御

倦翮孤飛集復翔，逢君窗路自輝光。攜來淮海風雲氣，化作詞壇錦繡章。坐久朔飆人亦暖，談餘冬漏夜偏長。憐予東下眉陵道，端為懷人一陟岡。

偶成

臘月寒風動簾幕，客子幽憂中夜作。仰視天河雲氣昏，嚴霜刺骨月初落。古寺蕭條風雨驚，一聲孤磬出高閣。

自警

天風忽怒號，愁人中夜起。群籟各爭鳴，碎裂客窗紙。長歎百憂集，悔作浪游子。罷戰賦歸來，高臥南山趾。垂釣臨清溪，論文訂舊史。慈親將八旬，時抱諸孫喜。灰心同草木，此情良可已。如何燕雲道，迫人來帝里。三冬雨雪希，囂塵蔽城市。眭睚殺機發，交歡伏譎詭。野人心魂悲，恍若魚驚餌。乾坤憂震盪，宦海迷生死。言之中心傷，忍默復自恥。昨宵夢家庭，泛泛萍與水。歸思未有涯，淚落不可止。出處莫輕談，達人須窮理。

誕日客慈仁寺有感

留滯天涯更幾時，今朝初度轉成悲。那堪僧舍龍鍾淚，都入高堂鶴髮思。雁斷朔風離塞遠，松留寒月下窗遲。數來歲暮無多日，欲促歸裝惹鬢絲。

明水道中遇雪時除前五日

歷上無多日，雪中人未歸。平鋪山色暗，慘淡樹煙微。冰凍騎常滑，溪寒鷺不飛。故園東望處，積素掩柴扉。

除夕

經年擾擾鬢絲皤，剩得今宵且細哦。兩度雪衣驅涿鹿，一行冰淚過滹沱。虛名我自貪雞肋，實理誰能悟茗柯。坐久已知春信早，寒星歷歷轉銀河。

敦好堂詩集卷六

淄川袁藩松籬著

上元日登博野城　壬戌

春色過城頭，寒煙迥未收。平沙千里合，遠樹一村幽。客況憐佳節，風光近帝州。如何接漸意，翻為故人留。

寄答武康韋六象

涼風鳥回寺，爽氣天高於。簷間桂花發，抗懷論古初。一別東西去，不復隨步趨。攜君書數卷，楊帆過江湖。扁舟夜茫茫，有夢恰相符。歸來前溪渡，片言託雙魚。寒宵光焰動，枕中藏異書。三年齎懷抱，形影萬里殊。多病伏孤枕，縹緲白雲俱。浮生百年內，何人問子虛。著述堪娛老，禪心秋水如。出處各不違，道義激衰途。思君不相見，清歌下巴渝。

闈中

二十年來此戰場，坐聽譙鼓夜茫茫。千條蠟炬心猶熱，一徑寒風骨亦涼。忍向緇塵埋鬢髮，漫憑青眼論文章。從今別後長安月，偏照河橋柳萬行。

三月晦，夜夢客濟南者，久又將北去，思母歸省，急無代步，招畢公權議同行。畢病甚，攜醫來，相對黯然，慟哭而寤

緇塵兩月燕山道，風號夜黑同幽討。並轡南來意氣多，上書一任冬烘腦。昨宵伏枕悲徬徨，溝壑耽耽心如搗。憶汝開襟坐遠樓，離憂乍起如春草。忽復相逢在濼源，欲賦遠遊仍懊惱。白髮高堂忍暫違，饑來驅我何能保。夢魂漂泊還相依，急追吾子抒懷抱。豈意文園多病身，不見當時顏色好。握手沉吟雙淚揮，人生空向窮途老。世路升沉且莫論，無端別恨形容槁。起視明星春盡歸，萬里浮雲空浩浩。

送孫采伯表弟赴試吏部時四月朔日

春風昨夜歸天涯，千里征塵滿落花。翠色西來華不注，曉雲東望赤城霞。柳絲澱海縈飛絮，盡是遊人絏馬處。黃金臺上草如煙，長風好掛雲帆去。君方年少謁承明，筆底龍蛇風雨驚。人生遇合有奇數，馬周洗足登公卿。祇今四海鳴鐫息，天子好文勤百職。凌雲詞賦思同時，長楊枝獵趨顏色。擲地金聲久擅名，沙堤授簡臨西清。讀書中秘繩先業，百里鳴弦亦崢嶸。愧我無能甘丘壑，年過半百仍落拓。君須置身青雲端，歸來滿引鸝鴟杓。

贈梅耦長年友，用集中首作韻，次作憶梅杓司亡友藥圃分韻事，即耦長從叔也，因及之

相逢真意外，松徑寺門深。花雨分空界，鐘聲出梵林。水亭留妙句，〔註1〕遠道識歸心。慚負良宵約，繩床坐綠陰。

響山人去後，宿草墓門深。猶記題詩處，銜杯對竹林。懷人傷永別，感舊見初心。為問談經席，圜橋久落陰。〔註2〕

憂旱紀事

悲風吹黃埃，昏昏暗朝暮。原野正蕭條，掩涕還驚怖。新正事行役，積雪愁難度。頻年憂旱暘，私計今春足。一嫗老且勤，高堂侍飲餔。行汲與採薪，一僮兼瑣務。臨行重丁寧，事事小心作。餼稟有常規，予言不汝誤。草沒昭王臺，淚灑劉蕡墓。敝裘三月歸，緇塵變純素。千里鏡中絲，憔悴顏非故。灰心焚筆硯，努力躬農圃。匆匆逾孟夏，不見甘霖澍。郊原赤如焚，炎威一何怒。廬困久成空，啼饑向誰訴。東家倉廩封，北阮笙歌聚。持橐叩朱門，有意不能吐。閽者但微笑，賤子行僵仆。饑烏號空廂，種種皆惡趣。歸告嫗與僮，各自覓生路。從知溝壑憂，性命危朝露。去汝中心悲，相看淚如雨。老嫗前致詞，高堂侍飲餔。僮僕跪且悲，一身兼瑣務。夙昔頗殷勤，言語無差忤。今朝麾出門，東西何所赴。嫗僮汝莫悲，歲凶實天數。可憐三五年，餓莩滿前渡。不雨今四月，麥枯種未布。旱災不敢陳，拮据供常賦。官家事急徵，典衣復鬻袴。掘殘岸草根，剝盡籬邊樹。晨炊每過午，乾焰生吭嗉。留汝兩難全，慘淡抒情愫。有時山雨來，救此轍中鮒。相依尚有期，不在須臾住。語罷增嗚咽，揮手莫回顧。華屋誰家郎，秔稻飽雞鶩。

〔註1〕梅題詩載酒堂。
〔註2〕先曾祖為宣城教諭。

龍山壁上和高司寇先生舊韻

郊原五月總如秋，古渡揚塵水不流。客過樹陰思就枕，亭臨峭壁想為樓。千村婦子悲懸磬，萬里徵輸類反裘。東望片雲饒雨意，狂風吹盡苦難留。

長歌贈王子雲

王郎砍地仍高歌，人生至此悲如何。仰視浮雲增太息，日光慘淡風沙多。西上長白望原野，高下濯濯嗟無禾。憶昔與子揮手別，南上宜陽北濞沱。兩人歸來時相見，潦倒窮途空蹉跎。入春不雨今六月，火龍乘怒水無波。溪流欲斷遊魚死，長林葉萎摧新柯。赤土如蒸飛鳥墮，千秋竄走燈中蛾。春種未布瓶先罄，二麥不收猶催科。典衣已向連年盡，挑菜全枯兩岸莎。有時雲氣橫村落，狂風疾卷藏山阿。惟我與子老親在，多病年衰雙鬢蟠。生兒不聞致祿養，況逢飢饉相煎磨。稚子倚床更叫號，強索梨棗難譙訶。相視婉轉待溝壑，老淚沾巾怕摩挲。官家恤災軫民力，九閣萬里瞻峨峨。金生火伏將代令，蟬聲嗚咽隨幽哦。墟裏星散惟敗屋，卻防夜夜青燐過。幾時雨落能緩死，階前銀竹翻青荷。會須策杖尋山色，高臺一笑傾銀螺。

贈高孟地東還

嘒嘒蟬聲靜處聞，那堪攜手悵離群。客衣怕濕山前雨，歸路遲看海上雲。綠酒不妨尋妙句，青囊誰與探奇文。三秋莫負黃花約，紫氣東來疑是君。

六月十三日得雨

眼枯半載農夫望，誰信雨師今又來。遠浦雷聲奔電合，長空雲影怒濤催。何妨夏盡搜春種，滿擬秋成免歲災。老圃荷蓑凝立處，桔槔隨意臥莓苔。

空階雨急似翻盆，大野茫茫水氣昏。涼入庭柯收烈暑，聲隨碉溜響孤村。拋書坐對簷前瀑，攜杖行看溪上雲。莫道北來雲漢苦，秋原禾黍盡天恩。

水難

老夫倚杖河邊哭，日光慘淡悲風逐。泥塗滿身芒屬穿，驚魂顫掉皮皺瘃。古來災沴何世無，陽侯肆虐駴心目。自春徂夏愆雨澤，火雲鎮日愁蒸燠。六月一雨雨不休，連日翻盆盈川谷。廿二之夜一更餘，水聲倒注銀河覆。火球照耀懸中庭，漫天如漆飛狂瀑。濁浪須臾跨岸來，階前洶湧為河腹。家家號泣悲無門，處處轟雷頹牆屋。逐波跳走幾滅頂，一絲莫保顛溪曲。子立迴漩勢莫當，

黑風急雨仍相續。大野滔滔天欲傾，魚龍出沒居平陸。東方漸白川原腥，回首家園惟灌木。廣廈綺疏沉泥沙，圖書萬卷殉溝瀆。八口皇皇棲息艱，敗堵陰風來蕭蕭。雞犬無聲鳥雀悲，夜半高枝巢蝙蝠。長日樹陰搔首立，蕩滌瓶盎無半菽。迎秋一寸春苗生，泥沒沙壅何時熟。見說東村同一悲，破家露處幾千族。仰天長歎天不問，租吏近前索僮僕。

舟夜

相逢涼雨急，投策復登舟。憶別鄉思苦，談深旅夜秋。水喧兩岸闊，人靜一燈幽。斷梗天涯恨，誰能禁白頭。

至天津

曾記停舟處，重來幾十年。亂悲人事改，老覺鬢絲牽。衣薄秋先入，更長夜不眠。露階清似水，南望復潸然。

贈晉漢圃

不謂三年別，今宵得共遊。月光清入戶，海氣蚤知秋。莫灑窮途淚，空添羈客愁。砧聲看又起，離思總悠悠。

自遣

無復談詩興，呻吟祇自知。何人怨蕭瑟，惟我賦將離。漂蕩蛟龍怒，艱難牛馬悲。只愁萌水月，空自下荒陂。

送楊松谷入都

銅官山下憶逢君，海上重來坐夜分。雁字忽從天外落，蛩聲偏向客中聞。阿誰記曲拋紅豆，顧我無家望白雲。北去禁城秋似水，相思涼月正紛紛。

聽雨

曾觸蛟龍怒浪傾，乍聞急雨暗魂驚。故園秋老圖書沒，遠浦雲開雁陣橫。迢遞病聲催病枕，蒼茫海氣抱孤城。那堪白髮無家客，聽徹瀟瀟夜未明。

偶感

生無食肉相，往往嗜園疏。淡泊存真味，看錯應不如。八月客津門，芹根薦新葅。齒牙含清芬，中懷忽累歔。連年苦旱虐，場圃委丘墟。今春課僮僕，

朝夕勤鍬鋤。摺摺桔橰力，青蔥滿畦渠。摘剪佐盤飧，何必歎無魚。陽侯怒滔天，濁浪高門閭。須臾肆衝擊，蛟龍舞階除。蕩然沒波濤，誰能辨災畬。倉皇走天涯，糊口仍趑趄。主人羅珍羞，相對復踟躕。故園嗟板蕩，寒風吹敝廬。老稚臨大野，荒原難久居。挑菜心獨苦，肥甘奉久疏。一箸感中心，掩涕濕襟裾。

九日客河間

陶家三徑久荒涼，此日登臨是異鄉。瀛海東連雲黯黯，滹沱南下野茫茫。傷心故國人千里，夢斷天涯水一方。潦倒那堪逢令節，白頭羞對菊花黃。

一番風雨又重陽，把酒寒宵意自涼。何處砧聲偏入夜，無端客淚欲沾裳。荒城畫角催人老，別院笙歌起恨長。莫把茱萸望高處，故園愁說盡滄桑。

雜感

西風忽送雁聲悲，正是秋光欲暮時。作客易消髀裏肉，無家難卻鬢邊絲。眉陵煙月空回首，瀛海沙塵更鼓鼙。苦憶讀書舊遊地，蓬蒿滿徑水連陂。

高秋雲物迥朝暉，客舍蒼涼雨欲飛。壯志幾曾酬馬輩，窮愁偏是泣牛衣。看來驛路花容淡，漸覺寒霜木葉稀。失意半生甘落寞，可憐彈鋏竟無歸。

寒風蕭瑟遍天涯，白草黃沙盡日吹。曠野秋陰連遠塞，孤城返照出疏籬。人同老驥思千里，身比鷦鷯愧一枝。莫向高原懷故國，驚濤處處不勝悲。

過舊滄洲

長堤漠漠隔林橫，又逐荒煙赴遠征。幾處斷橋平野渡，一灣流水抱空城。蓬根乍卷寒風急，海氣遙連落日明。漫說滄洲堪嘯傲，霜華偏向鬢邊生。

夜寒乞酒邀晉漢圃不至

莫言樽酒易，咫尺隔相過。耐此寒威逼，其如歲暮何。坐愁消蠟炬，清漏轉銀河。我亦窮途客，孤窗念薜蘿。

感懷和孫孝堪韻

客心引孤緒，嚴冬悲急景。風吹海氣昏，莓苔生古井。慘淡坐忘言，挑燈發深省。少年意氣盡，豈敢思狂逞。鼓角雜清宵，玉漏聲何永。隻身無棲泊，東西成斷梗。敝裘今已盡，錯怨空床冷。中夜起徬徨，清淺銀河耿。

靜海道中再用前韻

寒氣生原野，落日照孤景。仰視浮雲馳，蓬蒿掩枯井。游子悲道路，猛然增愧省。生無封侯相，壯志何當逞。海水煙茫茫，愁如江漢永。天空雁南去，山川怨修梗。檣帆積河干，晚風吹衣冷。失志防貧賤，抱此長耿耿。

津門留別楊松谷予將有上谷之行

翩翩裘馬出長安，落日風高驛路寒。海內故人多意氣，天涯游子豈艱難。歌聲自向樽前度，山色偏宜雪後看。歲暮離憂那可說，愁予西去渡桑乾。

將赴山海關留贈譚元素還里

前溪北渡又天津，歲暮匆匆別故人。我去三韓耐冰雪，君歸千里苦風塵。嚴城海氣催殘臘，驛路梅花透早春。愁說眉陵山上月，也隨砂磧照征輪。

行玉田道中作

車馬轔轔事北征，長河冰凍雪初晴。辭家擬作登樓賦，歲暮猶為絕塞行。古戍旌旗懸落日，亂山松柏帶孤城。書生見說邊庭苦，逢著沙場色暗驚。

永平學院和沈宮詹壁上韻

無端馬足困經年，又迫殘冬逐驛傳。山色留雲增壯麗，水聲近廓瀉潺湲。征人西顧庭幃遠，使者東臨節鉞專。海上煙消殘雪後，關門迢遞更茫然。

雄關遙接控神州，御蹕曾經此地留。石磴高懸雲滿岫，溪光遠映水明樓。長松乍倚襟堪滌，孤竹何年境最幽。偶步前楹懷舊跡，及時陰雨自綢繆。

撫寧館中夜讀趙又呂刻詩

洋水城邊客院清，古槐亭畔月華明。征衣暫解臨窗坐，讀罷新詩已四更。

榆關和壁上韻

匹馬蕭蕭望遠山，盧龍幾日到榆關。朔風卷盡黃沙路，多少征人失舊顏。

登山海關城樓二首

雄關臨徼外，形勝俯中原。天割山客壯，風翻海氣昏。征車何日息，戰壘至今存。向晚登臨處，皇輿列障尊。

萬山臨海曲，一夜朔風寒。勢卷星河動，聲催戶牖殘。故鄉難入夢，杯酒強為歡。坐聽荒雞度，嚴更尚未闌。

登海樓觀海

灤水沙迴晚照寒，故人此地慶彈冠。流風已覺山川改，善政猶聞父老歡。宦況升沉悲似海，交情生死重如蘭。我來坐對禪關寂，霜月城頭不忍看。

百尺層樓俯水濱，波光浩渺自無垠。鑿開混沌乾坤老，浴出鴻蒙日月新。島嶼何時通職貢，樓船曾記接天津。皇仁東漸朝宗遠，萬里星航拱北辰。

口號

盧龍自古號雄關，馬首西來客淚殷。絕塞風沙還大海，嚴城燈火照前山。層冰欲斷征人路，斜日難溫游子顏。極目高原思舊跡，豈嶢孤竹倚雲間。

盧龍塞上千層壘，孤竹山頭一片雲。到此行人休悵望，笳聲斜日不堪聞。

宿豐臺禪院

我遊東海濱，遙遙日將夕。風沙迷前路，倦馬思投策。村煙接睥睨，冰堅野岸白。豐臺何欝蔥，古寺枕南陌。征衣解石磴，佛火照□客。中宵梵籟清，塵鞅忽以釋。鍾磬響寒夜，不寐感疇昔。放情山水間，滄桑無定跡。何時皈淨業，不為名利迫。趺坐掩禪關，靜對琉璃碧。

今夕行天津署中同晉漢圃張勉修韓錫公作

今夕擲身東海岸，明星照雪鋪官衙。爆竹喧闐方夜賒，悲歡雜坐聽胡笳。博塞憑陵歌且嘩，人生聚散乘浮槎。海氣縹緲吹青霞，聞道安期棗如瓜。神仙底事從諮嗟，且傾斗酒勝胡麻。杯盤狼籍梟盧撾，袒跣大叫能矜誇。江南江北愁無家，風塵未辨龍與蛇。短鬢年年增歲華，醉來仰面飛寒沙。裋褐不完雙手叉，狂吟囈語羞淫哇。長聲硬字真聱牙，赴壑修鱗誰能遮。春光何處來相加，北風與子歌同車。

癸亥元日

海岸雪初晴，春風處處生。樓臺雲物起，簾幕篆煙輕。重鎮當津口，繁華接帝京。那知游子意，南望不勝情。

立春後一日買賴古堂書挑燈讀之

春風忽復到天涯，客裏茫茫感歲華。萬事消磨惟破研，百年酬對是燈花。故書重購如逢友，薄酒頻傾當吃茶。譙鼓聽殘群籟靜，紙窗明月易西斜。

天章和尚為先慈作佛事贈之以詩

長跪瞿曇叩往因，浮生何處問慈親。楊枝露下超生死，貝葉聲中動鬼神。泉路茫茫悲過客，天宮渺渺列群真。孤兒灑盡燈前淚，萬樹桃花不見春。

再贈禮懺上人岫主

尊佛微言在，蕭梁懺法留。罪從今日悔，福向此中求。火底蓮花出，壇前貝葉收。欲參無住相，清磬一聲幽。

為高冀良悼姬十二首兩用元韻　並引

夫楚國佳人，生本細腰之地；黔荒難女，攜來太丘之家。遇公子於行間，輔阿母於帳底，羈魂未定，慧性獨研。戎馬為鄰，罹五年之辛苦；舟車所至，喜萬里以歸來。出險就夷，方銜恩於樗木；鳳毛麟角，爰誕瑞於螽斯。快此佳兒，哀彼薄命。倏而花飛，紅露溢焉，葉隕清霜。君有後乎？勿復相顧。吾願足矣，遑恤其他。於是雪涕夫君，擘蠻箋而摛句；乃有傷心，和客裁魚繭以陳詞。悵青鳥之難逢，恨紫鸞之獨逝。因君浩歎，發我疊吟。月暗繡窗低，歎三五良宵，玉人何在？香消冰簟冷，惜百千愁緒，珠淚難收。雖無當於解頤，庶足供夫粲齒云爾。

生憐戎馬滯天涯，回首春風怨落花。自是瓊姿歸上苑，豈同凡豔委泥沙。掌上明珠栽一顆，報君天付與佳兒。生來巫峽能為雨，此後高唐有夢知。
浮生幻影不須悲，欲界良緣有盡期。悟得無生更無住，仙宮來去月明時。
風嫋輕煙一縷魂，披雲帶月禮星尊。幃中彷彿如花貌，淨洗鉛華與淚痕。
方期偕隱臥林丘，頓向蓬山頂上游。半夜星壇祠太乙，不從塵世戀衾裯。
曾記微之憐謝女，空留遺恨說黔婁。祇今百萬營齊後，莫向江津化石尤。
傷心萬里北歸日，零落雕闌一樹花。回首炎荒魂未貼，雲鬟霧鬢裹塵沙。
十載蠻煙留象郡，一朝佳氣產麟兒。歸來安樂誰當共，薄命黃泉祇自知。
纏綿離恨使人悲，仙藥茅山不可期。簾外燈殘人去後，帳中香散夢來時。
愁中何處不銷魂，手爇名香奉世尊。洗卻紅顏皈淨業，一溪明月水無痕。

庭院依然古貝丘，烽煙憔顇十年遊。小星東望餘三五，寶鴨香消憶故褵。
涼風乍動秋聲起，伏火將銷日在婁。一自空山埋玉後，移人花月總招尤。

卜先人葬地登黃埠頂

欝蔥佳氣映朝暾，雨後溪流抱遠村。北望荊山堪韞玉，西來萌水待垂綸。
百年風木留遺恨，萬古衣冠斂去魂。好借青鳥憑指點，一林松柏護高原。

潞河舟中雜詠十首

笑煞舟車盡日忙，沙堤回轉見禪房。我來趺坐渾無事，消受佛前半炷香。
瑟瑟西風日暮時，平沙如雪柳如絲。征人更上長堤望，一片秋容兩岸悲。
何處鐘聲落客船，秋空露下水如煙。灘前夜靜微風起，悶對燈花憶往年。
涼夜星芒浸水陂，挑燈促坐漏聲遲。共君泥飲不成醉，枕上愁來各自知。
河邊衰柳幾千行，送盡行人葉葉霜。浪打孤舟驚坐起，相思一夜滿漁陽。
隊隊貔貅獵騎分，牙旗懸處拂行雲。書生未解從軍樂，獨對西風看雁群。
滿船涼月酒初醒，撲面驚沙夜未停。只恐明朝堤上柳，傷心減盡舊時青。
十載疆場戰骨歸，連珠燈火照漁磯。那知夜半征人淚，荒草天涯夢鐵衣。
荊門戍馬望秋肥，夾岸旌旗帶落暉。海外滇中全奏凱，清涼山上翠華飛。
欲覓封侯事遠征，樓船笳鼓野雲平。秋宵又見欃槍落，聖主垂衣莫用兵。

九日

重陽臨海上，微雨濕空墀。本是辭糕客，〔註3〕休吟落帽詩。寒風催戍鼓，
哀雁動鄉思。愛菊昔耽詠，翻增此日悲。

獨有窮途客，偏於令節悲。白衣非送酒，黃菊忍題詩。故國荒煙斷，幽齋
涼月遲。茱萸羞鬢改，此會復誰知。

滄州

橫梅何年郡，蒼茫野氣昏。樓臺今落日，瓦礫古城門。客路經寒雨，平林
見遠村。荒唐閱人世，空有鐵猊存。

聞韓燕翼先生請告賦贈二首

逐日爭隨夸父趨，誰從宦海問歸途。懸崖撒手真男子，急浪回頭是丈夫。
錦水園林堪嘯傲，箕山朋舊好招呼。如君自可高千古，不羨從前說二疏。

〔註3〕袁德以父名高，九日不忍食餻。

茫茫身世苦無休，放下今朝得自由。鈴閣晚來閒畫角，籃輿歸去度清謳。朝廊事業從人羡，丘壑煙雲待我收。一語贈君煩計取，蒲團坐定失公侯。

都門感懷用趙太史韻

浮生何勞勞，百事皆成拙。賦性既迂鈍，才智更凡劣。讀書五十年，名位何由達。猛氣久消沉，壯心時突兀。誤走長安道，貧賤安局蹐。自笑足如冰，寧雲踏處熱。行立無倫次，語言失精覈。泥淖滿街渠，麻衣蒙敝褐。跛□過長箐，虎豹當關列。未語已羞沮，惴惴不能釋。傴僂上臺門，努力為容悅。屏息前致詞，一一憑裁決。上云久別離，日月悲急捷。下云望京華，潭潭神仙窟。十日觸風沙，千里誠揖揖。竊慕披裘翁，遺金詎敢拾。幾年遭患難，不復辨嘻咄。夙昔肝膽交，未忍謝請謁。溝壑良足憂，面目還堪惜。惸惸骨肉悲，血淚滴冰穴。改火未解菜，長鑱事采蕨。梁鴻灶不溫，禰衡刺寧滅。靦縷未竟言，中心自慚悆。彼閽已狺狺，我懷猶業業。酸風乍撲面，嚴寒真刺骨。御溝水不流，峨峨層冰結。猙獰肆呵罵，面冷一如鐵。掩耳走且僵，柴車手自撥。汗背透緇塵，急奔如驥渴。仰視帝城雲，慘慘欲飛雪。七尺任昂藏，何處覓生活。不工媚世術，曳裾復何益。譬彼雲漢高，星辰豈得擬。策蹇出都門，荒園守舊籍。負土築堂房，子力誠當竭。吁嗟行路難，朔飆正凜烈。

送晉漢圃還崑山

遠道衝寒雪，征人拂劍鐔。馬蹄翻薊北，歸夢繞江南。驛路梅將綻，津門柳未毿。莫忘瀛海上，風雨對清談。

節母篇為晉母何太孺人壽

乾坤浩蕩凝霜雪，閨中往往征奇節。崑山晉母稱最賢，冰心照徹寒潭潔。家本簪纓似謝庭，柳絮吟成詩品絕。梁孟相隨玉案齊，那知中道苦摧折。鳳毛五色耀階除，翩翩環聽機聲咽。荻子書成掌上看，熊丸和就燈前啜。昨歲封禺識長公，竹窗對酒名香爇。各各心期感慨多，衷腸不厭連宵說。天涯南北兩茫茫，重逢已作三年別。天津城下水波深，鈴閣沉沉更漏歇。警喜先詢白髮親，兩相勞苦還相悅。秋風瀛海菊花黃，臘雪盧龍馬蹄起。時復瞻雲淚滿衣，翹首南天寸心結。偶啟家書示我看，蠅頭細字言諄切。骨肉分飛愁歎生，勉持家秉勤操拮。自賦柏舟歸淨因，蚤年辟穀神仙訣。舌上青蓮朵朵鮮，瑤函貝葉持真偈。

為念倚閭重子悲，嚴冬積雪中心熱。便欲揚鞭向鹿城，來朝歸計何其決。坐客慘淡風颼颼，一杯忍向離筵歡。到日登堂顏色開，春光庭院百花繽。勉旃大孝在揚名，致身卿相追前哲。萌水袁生為作歌，千秋彤史傳芳烈。

再送晉漢圖　值予誕日

底事茫茫感歲華，頻年留滯是天涯。愁予初度常為客，憶爾新春正到家。別院桃花開並蒂，〔註4〕北堂萱草吐靈芽。誰知海上人空老，獨坐寒窗聽夜笳。

送龔墨莊還河間

空庭殘雪映雙扉，忍向離筵賦式微。驛路寒煙浮野色，嚴宵清淚滴征衣。三冬絳帳君初返，兩載津門我未歸。此地故人勞遠望，東來楊柳正依依。

白鸚鵡

珍禽宜向月明看，隴上飛飛素影寒。舞雪珠娘翻縞帶，乘雲玉女側星冠。須知麼鳳羞顏好，若比白鷴振羽難。紫竹林中持半偈，休將紅豆喚雕闌。

綠牡丹

肯將脂粉涴芳春，翠色凌波似洛神。富貴叢中蟬鬢擁，沉香亭畔黛眉新。螺青髻露如含笑，萼綠華來偶效顰。任爾姚黃與魏紫，那隨青帝媚佳辰。

冬夜述懷用黃山谷二月二日曉夢會於廬陵西齋寄陳適用韻

歲晏苦長夜，寒威入重□。積雪埋空階，玲瓏似皎月。端坐一何悲，歷歷柝聲聒。海上多凄風，星芒照城闕。燈焰慘欲昏，泉路懷明發。清淚漬麻衣，層冰透雙□。垂老滯他鄉，顧此種種髮。何以解我憂，矯首愁天末。良友重意氣，妻子苟存活。曷似今年寒，嚴凍真刺骨。榾柮借餘溫，撥火纔一撮。起粟滿雞皮，蜷縮如受撻。拙自愧鳩巢，狡寧學兔窟。憶昔困名場，寧止經三刖。從此甘蓬蒿，不復夢簪笏。淡泊見初心，尚想慕懷葛。

除夕

兩度天津守歲人，數莖白髮又驚新。階前夜照松明火，燈下寒澆玉洞春。莫為窮途傷旅夢，且隨知己□閒身。爐煙坐待東風曉，不羨鳴珂上紫宸。

〔註4〕時方歸娶。

贈楊蘇生觀察　以下甲子

關西奕葉表清風，攬轡畿南節鉞雄。沽口雪消春漲碧，津門潮落晚霞紅。十年報國心依北，萬里無波水向東。見說聖朝循舊事，度支鹽鐵領三公。

遊香林苑贈天錫道人

春風斜日出香林，高閣憑虛水氣陰。客立蒼苔看鶴舞，潮來清夜聽龍吟。九還丹藥長生訣，一曲瑤琴太古音。〔註5〕只恐落花歸路杳，桃源重去已難尋。

留別天津諸友

此地留三載，迢迢問客程。浮雲多變態，潭水見交情。野曠春陰薄，雪消堤柳生。那堪西去日，回首望津城。

放生磯八首

高司寇先生、唐濟武太史所立。

般陽城下水潺潺，柳色參差綠一灣。佛力潛通春浪闊，千秋魚樂野雲閒。
一曲沙溪綠樹圍，石苔趺坐憺忘歸。興來把酒澄潭上，不向游鱗動殺機。
人魚相對各悠然，浩劫塵中自在天。解道眾生齊佛性，好風明月滿晴川。
記得西湖學放生，蓮池遺教幾人行。雙溪化作菩提水，大地江河總有情。
颼颼天風樂意寬，更栽梅樹足盤桓。磻溪老子偏多事，莫向此中理釣竿。
水雄漁壯恨久湮，長橋興廢是何年。風來細浪知魚樂，雨後平沙看鷺眠。
浪激盤渦水抱城，遠山倒影浸空明。魚龍入夜聞瀺灂，不畏灘頭撒網聲。
耆英蓮社任優游，絲竹東山興未休。何似同登極樂國，二公來往自風流。

挽施侍讀愚山先生

潞河衰柳晚秋餘，丹旐南來見素車。〔註6〕聖主難忘宣室召，老臣豈獻茂陵書。表章理學傳家範，〔註7〕珍重人才為國儲。幾載巒坡恩未報，忍將衰鬢卜林居。〔註8〕

〔註5〕道人喜琴，尤精醫藥。
〔註6〕癸亥秋，予客張家灣，先生柩自北來。
〔註7〕刻有家風遺範。
〔註8〕先生每欲乞歸，以修實錄未成不果。

老成凋謝恨綿綿，何處哀吟泣夜泉。八代文章推後起，千秋石碣表前賢。〔註9〕西昌遺愛留新社，北渚開尊憶舊年。顧我神交思更切，每從古驛和新篇。

齊魯宗風賴有君，狂瀾一柱砥斯文。晚年身到蓬山老，蚤歲學從泗水分。殿上含香歸御宿，雲中清蹕奏橫汾。那堪旅櫬指歸日，朋舊河干泣暮雲。〔註10〕

曉日鳴珂立闕廷，肯隨年少試娉婷。驚聞傳說乘箕尾，誰識東方是歲星。海岱傳經悲楚些，璇璣作賦夢湘靈。一時館閣摧殘甚，〔註11〕宛水多賢幾淚零。

高才應有鬼神憎，火色如君已上騰。曠代雄文摧獨步，昔時名士憶同升。多情善哭如桑苧，佳句長吟似杜陵。讀罷招魂增感慨，懷人雙淚苦難勝。

擬從京額問芳鄰，客舍花飛賦晚春。矯首中原惟數子，傷心雅調屬何人。死生有覺緣成幻，歌哭無端意自真。豈為文章堪俎豆，先生大節在君親。

挽陳其年檢討

髯也金門號古狂，千秋彩筆擅名場。誰知欲界無長日，頓使珠宮失夜光。詞格淒涼傳白下，〔註12〕宦情顓頷似黃楊。側身南望悲才子，一奠生芻未褰裳。

寄贈梅耦長

握手禪關對落暉，最憐草草送君歸。三年望斷雲中字，兩地驚聞雪滿衣。萌水怒濤人黯黯，敬亭秋思雁飛飛。昔時溪上經行處，返照荒城結翠微。

寄贈吳海木長至日壽母得冠軍報

幾載山城臥客星，萊衣歸去舞萱庭。稱觴鶴髮樽盈綠，攜筆龍文眼乍青。此日葭灰添線祝，遐齡荻子授經□。舊時書屋琅玕雨，對酒何年此再聽。

乙丑仲春奎山道中遇雨過孫樹百

冒雨度山坳，千峰垂濕雲。野煙透林壑，濃淡仍繽紛。流泉咽石罅，遙遙碙中分。越嶺更西去，黛色明夕曛。空谷有哀響，樵聲連斧斤。奎山勢突兀，凌虛自不群。長橋飲沙渚，樓臺氣氤氳。中有讀書客，妙香入夜聞。

登孫樹百之逸峰閣

晨起臨高閣，空翠蕩心胸。青山洗微雨，羅列千芙蓉。煙鬟面面出，近遠

〔註 9〕伏生祠、李滄溟墓皆刻石。
〔註10〕韓憲副贈賻，哭之蓋哀。
〔註11〕時詞林沒者四人，宣城居其三。
〔註12〕公有《白下詞》，吳梅村亟稱之。

皆殊容。憑闌忽眺望，指點雲外蹤。大河西南來，春水何溶溶。主人愛丘壑，當階種古松。閉門揖石友，趺坐引禪宗。我心杳何處，最愛東南峰。

失題

最愛幽人水竹居，杏花庭院復何如。春風二月傳消息，豔雪窺簾好著書。

失題

為園依北郭，卜築近東山。此地宜吟眺，何人得往還。樽前芳樹老，局罷野雲閒。春事愁將盡，花飛黯客顏。

曳杖出春城，林煙處處輕。溪山微雨潤，花柳遠村明。澗水流殘照，荒原事蚤耕。那知芳草意，偏向客愁生。

送韓蓼懷赴蓋平任二首

五月薰風榴火明，雙鳧此日送君行。山川勝蹟迎仙吏，車馬勞人念友生。紫氣北連龍塞遠，赤霞東望海波平。聖朝雅重循良傳，首向營州採政聲。

中丞當日填醫閭，遠布天威兩上書。代有雄文推繡虎，家傳清節矢懸魚。雲閒官舍琴音靜，花滿郊原麥浪舒。奕葉功名紹舊德，臨軒丹詔下絳車。

過侯仙園小憩三首

為園依古壑，入夏更悠然。綠樹臨溪岸，清波引礦泉。雲光看不盡，山色自相連。不負嘉名久，何人題侯仙。

數載紅塵老，征車此暫停。還尋來鶴舫，獨上御風亭。雨過前溪綠，雲歸遠岫青。石苔隨意臥，客夢幾時醒。

久鎖松筠路，名花次第開。圯橋仙跡少，芳草故人來。愁減杯中物，霜添鬢上堆。有時清籟發，一聽紫雲回。

重寓石隱園作

忍病仍攜硯，重來坐石林。送春花事少，結夏水亭涼。憂患餘生老，園林清夢長。晨光延遠眺，山色正蒼蒼。

園中第二首

初夏園林景物妍，落紅飛絮靜娟娟。種來叢桂堪招隱，讀罷離騷欲問天。古樹陰濃垂鴨腳，小爐香沸爇龍涎。從開竹徑舒清嘯，應笑袁生老更顛。

遊長白山呈同行諸公

蒼深不可測，溪折萬峰高。山水誠佳事，乾坤亦覺勞。石泉翻澗雪，翠黛洗秋濤。杖履追隨日，臨風吹二毛。

遊山中燕窠寺

古寺何年號燕窠，偶來暇日足婆娑。亭亭老樹翻青蓋，澀澀寒泉覆綠莎。佛火消沉惟鳥跡，山花開落幾人過。盧家玳瑁無消息，故向空門避網羅。

石隱園對月二首

良夜清於水，空亭淡似秋。葉垂花露重，人靜樹煙浮。萬慮境全寂，孤燈意轉幽。徘徊不忍寐，明月在南樓。

月色佳如此，何人肯下簾。望來清澈骨，坐久意增恬。蟲語時吟砌，松風半入簷。夜涼新雨後，疊石綠苔沾。

念東先生載酒堂步韻二首

荷渚風來覺異常，況逢青雀蕩中央。庭無暑氣留人醉，座有笙歌引興長。落日女牆煙靄靄，微波略彴水湯湯。偶然良會須行樂，莫惜年華鬢似霜。

炎蒸伏日自非常，勝地開樽到水央。曲徑斜穿花塢遠，微風乍拂柳絲長。池邊舞袖纔窺影，竹裏茶煙欲點湯。不為嵩城催漏早，平橋還待月如霜。

村居友人過訪投贈二詩依韻奉答

暑薄蟬聲急，翛然客到門。玄言驚滿座，紫氣過荒村。世態浮雲改，交情皓月存。頻年興廢事，淒絕感幽魂。

患難悲無地，蓬蒿一徑幽。誰能甘寂寞，我獨愛林丘。短榻松間臥，孤村水上浮。秋風看漸爽，重與話良遊。

《李義山集》中有《贈稷山驛吏王全》詩：「絳臺驛吏老風塵，耽酒成仙九十春。過客不勞詢甲子，惟書亥字與時人。」原注：全為驛吏五十六年，人稱有道術，皆贈以詩云。載績先生前為稷山令，近得一古錢，背鑄亥字，與此詩有合，因用其韻奉贈

休將白髮傲紅塵，為問王全幾度春。鑄就青錢書亥字，稷山作吏總仙人。

石隱園苦雨步載績先生韻二首

長風闌雨戰無休，禾黍催殘起暮愁。莫上高樓更遠望，水光山色似深秋。
莫訝空庭客到稀，藥欄倒地掩柴扉。連宵慣聽芭蕉雨，病骨偏宜綠幛圍。

病起有感再用西仲韻二首

雨歇秋煙淨，高齋自閉門。驚蟬鳴遠樹，返照入荒村。良會今如夢，遺書
半不存。晚涼清露滴，憔悴舊時魂。

苔光三徑合，秋色一庭幽。硯榻淪荒草，書帷掩廢丘。養生學蠖屈，齊物
任鷗浮。誰識忘機叟，甘為汗漫遊。

新秋過畢信步先輩齋中看古鏡作歌識之

昨夜秋聲透林樾，曉起涼飂動毛髮。客心憭慄倚前楹，梧桐葉墮蒼苔滑。
偶過君家看古松，匣中寶鑒層層發。燦如明星列阿房，皎若寒潭浸冷月。諦視
斑駁何晶瑩，幾經晦蝕光難沒。龜臥龍盤一一精，閱歷千秋濯海窟。良工繡出
土花明，世代消沉猶恍惚。當軒對此百感興，兩鬢霜華嗟咄咄。百年轉瞬電光
流，那復興亡記秦越。聞君嗜古有奇癖，賞鑒毫芒真入骨。松陰長日手摩挲，
拔取寒光搜溟渤。羅列高齋鬼魅驚，絳氣氤氳不消歇。世間神物多升騰，莫使
銀蟾飛玉闕。

石隱園雜詠五首

園林昨日喜初晴，曉起雲煙忽又生。最是芭蕉聽不得，偶然著雨便秋聲。
雨漬苔封處處斑，松陰疊石若為山。楸枰斂罷渾無事，手柱青藜自往還。
一番新雨過林塘，三徑苔生展齒涼。行過竹籬人不見，風來何處野花香。
空林滴瀝小池平，山鳥鉤輈隔樹鳴。兀坐水亭思舊事，樓臺偏愛晚霞明。
徙倚池邊照鬢星，田田荷葉映浮萍。遠山雨後青多少，欲繫芒鞋上翠屏。

中秋前二日晚坐石隱園擬明日暫歸二首

門掩秋風客到稀，水亭長日雨霏霏。石邊蚤見青苔合，階下纔看黃葉飛。
幾處蛩吟催旅夢，半窗燈火照書幃。年來蹤跡飄零甚，咫尺雲山悵不歸。

故園秋色恨凋殘，獨坐閒亭意更酸。世事艱難雙鬢改，晚窗風雨一燈寒。
涼侵蟋蟀聲偏急，露滴梧桐葉未乾。愁別故人還令節，良宵明月對誰看。

贈畢公權西行

切切西風試遠遊，園林蕭琴動離憂。馬融帳下能傳易，宋玉悲來好賦秋。風卷雁行空北望，雲隨漳水自東流。憐予多病臨歧客，惆悵河梁起暮愁。

石隱園壁上唐太史題詩三絕，余客園中者累月，未及屬和，病甚東歸，肩輿喘息，深思不復再登此園，用韻率成誌感。時主人手植桂花盛開，末綴一章，蓋自惜也

年來蹤跡歎亡羊，扶杖呻吟過曲廊。那得秋風蘇病骨，坐看松柏綠陰長。
青鳥銜將五嶽圖，冒雲漏月似蓬壺。諸峰羅列崚嶒甚，好借仙人衛傅徒。
竹樹蕭森映遠樓，平泉逸韻足風流。荷花漸盡秋煙碧，涼入清波月半鉤。
苔生三徑引微涼，石畔新開桂甲黃。揮手自憐多病客，名花辜負一庭香。

詩　餘

《秋水軒倡和詞》見友人曾用其韻，今來濠上，攜其全帙南行。凡有所詠，輒次其韻，計得七闋，原題無一焉，不敢遙為附和也。

賀新涼　曹學士元韻

旅況

雁陣隨雲卷，對西風、寒煙衰草，羈懷難遣。回首家園千里外，別淚熒熒猶泫。愁緒苦、獨絲抽繭。雲母山高淮水闊，歎滄桑幾見蓬萊淺。□潦淨，平沙展。

丹楓遠映斜陽顯，耐長途、竹鞭搖困，圖書壓扁。多少健兒驅怒馬，猶自臂鷹牽犬。防蹉跌、恐予難免。晚趁炊煙投宿處，拂征塵沽酒尋衣典。客舍燭，幾番剪。

旅夜

靜夜浮雲卷，望清宵、幾行雁字，北來誰遣。木落寒催砧杵歇，屋角霜華新泫。薄衾冷、蒙頭如繭。擊柝荒村人語寂，憶更深漏滴銅壺淺。門乍閉，朔風展。

月明偏向客窗顯，透疏櫺、半床幽豔，一痕光扁。夢到水雲歸路斷，驚醒鳴雞吠犬。登樓怨、閨中豈免。迢遞程途悲九月，恨貂裘已敝不堪典。愁似緒，倩誰剪。

過清流關

曉霧依山卷，望清流、松風絕壁，離懷差遣。西接雲屏橫紫翠，滴滴秋光同泫。穿蠟屐、石絞重繭。客路淒涼人易老，看池塘霜落波痕淺。岩合處，黛眉展。

陰森竹徑溪光顯，襯蒼苔、黃花紅葉，隨人踏扁。孤磬忽從天外落，仿彿雲中雞犬。依淨土、塵勞暫免。縹緲茶煙僧舍近，爇名香偶爾翻經典。世俗累，一朝剪。

關上謁□關帝祠

天半朱霞卷，叩嚴關、山形突兀，熱心難遣。長嘯風前搔短髮，好對英雄淚泫。雲映處、圓峰如繭。漢室孤忠遺廟在，掛雕簷紅綠秋深淺。風臘臘，繡旗展。

關山壯麗威靈顯，看祠傍、馬蹄人跡，石棱踏扁。一著荊州千古恨，恨煞景升豚犬。算到底、權奸豈免。銅雀赤烏何足道，問當時誰把朝綱典。抒浩氣，雁翎剪。〔註1〕

將至揚州

撲面黃塵卷，盼邗溝、夕陽西下，疲驢忙遣。十載維揚重到處，感舊懷人淒泫。劃不斷、絲絲如繭。秋盡蜀岡楓葉紫，繞河陂一帶溪流淺。修竹外，酒旗展。

空中寶堉金輪顯，照橫陂、綺窗綠鬢，珠釵墜扁。曲巷朱闌成錯認，疑是新豐雞犬。參夢幻、悲歡俱免。石上精魂煙未了，借僧僚貝葉徵禪典。雙槳渡，浪絞剪。

懷周雪客

靜夜攤書卷，猛懷人、英姿顧曲，離憂難遣。記得雲門春月夜，花影重重露泫。題畫帙、雪藤雲繭。掏遍檀痕催進酒，望天街星爛銀河淺。觴政迫，量初展。

別君彩筆京華顯，臥秋軒、梟雛上下，浪花圓扁。倚伏茫茫難料處，堪歎白衣蒼犬。論世事、難乎其免。薊北江南多少恨，問匡廬舊業從今典。燈下淚，不堪剪。

〔註1〕關下石上有人馬跡。

揚州歸途有感

又把征衣卷，笑浮生、飢寒兩字，將人驅遣。十日揚州真薄倖，別恨鄉思涕泫。兩袖濕、壓絲山繭。遙望竹西亭上月，未登臨惆悵良緣淺。行色劇，意難展。

詞壇酒社羞名顯，任窮途、愁腸千結，難尋盧扁。幾陣朔風催雁字，誰寄當年黃犬。游子業、何能解免。沉水煙消埋錦硯，更何時閉戶親墳典。須凍折，隨風剪。

滿江紅　大江　　用岳武穆韻

今古傷情，江流浩、□年不歇。看浪起、片帆不定，朔風凜烈。一帶溪山蘆荻雨，六朝文物朦朧月。問當時、舊事有誰知，空悲切。

石岸壓，千峰雪。夕陽渡，光明滅。正水浸，沙路山當城缺。荒戍馬嘶人影斷，他鄉淚落征衣血。更何年、把酒弔秦淮，尋雙闕。

念奴嬌　夜雨

寒風吹雨，正他鄉羈客，蕭條良夜。悶對青燈無一事，且聽漏聲幾下。秋半辭家，初冬又過，長把征鞍跨。山川滿目，霜楓猶記如畫。

最是濠水傷心，莊臺延眺，望斷白雲舍。宦海漂零生死淚，難訴親戚情話。俗吏無情，離人有恨，仰看青萍掛。浮生夢幻，如花半晌開卸。

賀新涼　　八疊曹學士韻

述懷

鎮日心如卷，坐寒窗、鄉思旅意，苦難排遣。靜夜荒街聞擊柝，蘭焰盈盈光泫。閒題句、懶鋪魚繭。鶴髮慈幃疏定省，歎天涯游子愆非淺。腸百結，恨難展。

病因愁起原明顯，強支梧、風寒暑濕，欲滿和扁。夢到眉陵星月下，蚤見柴門迎犬。喜來去、長途勞免。一陣朔風鳴竹瓦，悵南柯郡守何人典。醒倦目，燭再剪。

念奴嬌　　賦得破帽多情卻戀頭同曹無山秦以御賦用原韻

秋風搖落，正丹霞如繡，霜清塵土。憑弔龍山懷舊事，破帽依人愁旅。雁

字排雲，寒螿鳴砌，妝點登高處。臨風悵望，飄蕭白髮非故。

總教灑酒柴桑，揮毫顚史，相伴休辭去。管鮑貧交意氣重，蓬鬢影斜頻顧。臺畔吟時，菊邊醉後，倒著還親汝。鶡鵜典盡，頭顱不改今古。

滿庭芳　望雨耿又朴太史屬和

九陌塵迷，千林葉暗，火輪高駕長空。旅愁無奈，惟見晚雲紅。幾樹榴花開徧，鶯聲老、飛過牆東。深潭底，蛟龍睡也，常閉水晶宮。

溪窮波漸涸，困眠堤柳，憔悴疏鬆。尋僧舍，聽殘暮鼓晨鐘。望斷清涼世界，醍醐灑、蕩滌心胸。凝眸處，及時化雨，消受晚來風。

百字令　壽蔡龍文

風流江左，羨中郎才調，於今誰比。家住秦淮春水上，檻外江山浮翠。潑墨淋漓，揮杯灑落，名士真無愧。聯翩玉樹，長驅千里騏驥。

君擅當代聲華，遨遊京國，榮顯何難致。佛閣松濤明月下，邂逅使人心醉。裁過端陽，喜逢初度，照眼榴花媚。蒲觴更酌，薰風香綻荷芰。

浪淘沙　齋中對雨

細雨裹秋聲，陂下波明，隔簾高閣暮雲平。滴滴絲絲聽不盡，三徑苔生。

綠樹倍輕盈，風過疏櫺，卻愁遮斷遠山青。坐對爐煙無個事，寒入桃笙。

滿江紅　疊吳山唱和元韻

贈吳海木

縹緲仙風，塵埃內、偶然相識。問姓字、武林佳士，渡江而北。逸興偶乘刳木棹，豪吟自蠟名山屐。比年來，畫舫醉西湖，延陵客。

征衣困，河水拆。詩卷富，中原敵。料摩天雲翼，飛空無跡。雪後最宜千盞綠，人前那管雙眸白。笑狂夫、傾蓋蚤知心，如疇昔。

雪中

兩鬢飛霜，乾坤大、不求人識。誰問取、雪中僵臥，家名河北。縱飲淳于傾一石，倦遊司馬懸雙屐。悔當年，空向武林遊，無佳客。

世上事，愁城拆。杯中物，寒威敵。歎迷蕉興味，斷蓬蹤跡。拈斷苦吟須
尚紫，焚將散帙魚空白。數平生、湖海氣如虹，寧忘昔。

贈王公睿

年少才名，真卓犖、不愁難識。思往事、崑崙家世，移居城北。漁父每邀
萌水月，僧僚並訪荊山屐。喜留君，笑語剪燈花，同為客。

霜滿地，冰紋拆。談鋒壯，誰為敵。聽荒城漏斷，寒風無跡。畫燭將殘杯
影暗，銀河欲轉星光白。更何時、把酒看吳鉤，追今昔。

報唐太史與吳海木論詞

如此狂奴，君護短、休教人識。強解事、執鞭壇坫，須愁三北。買醉頻沽
市上酒，藏名慣著山中屐。蚤輸心，季重好詞名，錢唐客。

浪淘盡，人驚拆。楊柳外，誰為敵。憶南來聽樂，千年陳跡。山徑雪飛林
影淡，江潮月落秋煙白。歎袁絲、才盡筆無靈，今非昔。

賀新郎

乙卯秋，淮南道上和《秋水軒詞》，凡八疊元韻，於今七年矣。讀唐太史
《志壑堂集》，見其十疊，偶觸舊緒，對雪拈此。時東歸裝，為北上計也。

片片隨風卷。坐嚴宵、紙窗明滅，寒威誰遣。譙鼓初沉更漏靜，燭淚熒熒
光泫。擁舊絮、藏頭如繭。半嫋爐煙書帳冷，聽階前淅瀝聲深淺。羈客恨，何
時展。

青山一帶瑤華顯。更何人、梅花香夢，醉候題扁。漫道玉龍三百萬，驚吠
籬邊蜀犬。愁歲暮、離憂寧免。赴壑修鱗看漸沒，檢空囊衣向誰家典。萌水路，
層冰剪。

東李約齋

百折愁心卷。憶流光、星飛電逝，暗中驅遣。五十餘年閒底事，淚影燈光
明泫。蚤白髮、素絲抽繭。潦倒浮名悲馬角，問三生慧業緣應淺。懷壯志，幾
層展。

長安卿相才華顯。任崢嶸、珠光照乘，泥金題扁。何似淮南丹灶熟，雲外
乍聞雞犬。黃□債，有時除免。夜漏無聲殘雪後，爇餘香破硯堆墳典。窗紙破，
寒風剪。

一翦梅

碾玉雕冰不受塵，雪裏分身，月裏分身。偶將纖手弄花神，幾點生春，幾瓣爭春。

盈盈淡淡尚如新，色也傳真，香也傳真。篆清簾靜晚煙昏，一縷柔魂，千里芳魂。

念奴嬌　再至石隱園步蒲留仙韻

遠心亭畔西風裏，是處秋容難捨。抱病東還今又至，瘦骨支離跨馬。君足蹣跚，予形困憊，辜負良宵者。幾行竹樹，滿庭夜色如瀉。

恁地惡孽牽纏，藥裏方書，凄涼客舍，急雨芭蕉打。強步蒼苔悲落葉，總有佳醪難把。綠水將澄，紅蓮初綻，白雪知音寡。平生壯志，浮雲天外飛也。

賀新郎　懺病

夜起攤書卷。近中秋、微涼天氣，藥爐消遣。刺骨侵饑淪苦海，淚漬盈盈澄泫。微蠕動、乳蛾藏繭。無計脫身空轉側，想生前造孽應非淺。肢已困，愁又展。

水波明滅臨階顯。對疏櫺、啼風怨雨，難尋和扁。斷送一生文酒債，畫虎於今類犬。修白業、祈求解免。石火電光休認住，禮空王趺坐持經典。憑慧劍，俗累剪。

水龍吟　雨甚慰蒲留仙即步元韻

漫天驟雨狂風，卷來海氣連空黑。前村水漲，野塘蘆掩，蒼茫一色。亂落紅英，摧殘綠樹，悲傷何極。更華堂曲檻、一時傾倒，總無計，堪凄惻。

寄語聊齋居士，莫愁思、眉開不得。君家山麓，地形高敞，澗分南北。亭舍清幽，稼禾無恙，平安消息。待歸時試看、松柏之茂，無不爾或。

臨江仙　奉和蒲留仙韻

籬外秋光清欲滴，微雲淡掃長空。草根蟋蟀響無窮。梧桐新雨後，菡萏綠波中。

恨煞文園多病客，隱然五嶽填胸。西風搖□與君同。還期開竹徑，來醉菊花叢。

香雪園重訂詩十一卷

〔清〕淄川張廷敘撰

點校說明

　　張廷敘，字敦夫（一作惇夫），號訥齋，別號香雪居士，清代山東淄川人。作哲子，廷寀弟。諸生。少有才藻，工詩。著有《香雪園重訂詩》。另據《續修四庫全書總目提要（稿本）》著錄家抄本（作《訥齋詩抄》不分卷），提要云：「是編分集編次，曰《香雪園集》，凡詩一百十二首；曰《娥江集》，凡詩九十八首；曰《棄花集》，凡詩六十七首；曰《燕石集》，凡詩一百七十首；曰《生白軒稿》，凡詩八十二首。總計古近體詩五百卅餘首。」

　　《香雪園重訂詩》，稿本，山東省圖書館藏，《山東文獻集成》影印。內分《小怡亭集》、《借松軒集》、《繭思集》、《訥齋近稿》、《定新窩初集》、《定新窩二集》、《堅至軒稿》、《燼餘詩》、《靜持新詩》、《茰囊集》、《濼遊草》諸集。書前目錄中另有《桐雲樓倡和詩》、《哭花詩》、《香雪園別存稿》、《恨餘碎存》、《錦湖集》、《浮寄稿》、《西園集》、《金還集》、《秋社詩》、《懷友詩》、《百女仙詩》、《娥江續集》、《蘭陵草》、《鳴鵙草》等集名，有目無詩。《山左詩續鈔》引周太史林汲曰：「訥齋性耽奇癖，文藻詖瑰。嘗著《竹賦》，搜索隱變，琢句佶聲，覽者舌咋。求之古人，大類長吉。」郝允秀《松露書屋詩稿》有《讀香雪園詩寄敦夫》詩讚曰：「交遊四海久無家，萬首詩成世共誇。天以泥塗融氣質，人因時命識才華。牛衣不覺餘生苦，馬磨爭憐客興奢。他日火蓮功候足，知君一舉入煙霞。（敦夫夫婦唱和詩有『劫盡池中能浴日，功成火裏自開蓮』之句。）」

　　此次整理以山東省圖書館藏清稿本為底本，施加現代漢語標點。詩集原注均以腳注形式呈現，底本中的異體字徑改回本字，不再出校。限於點校者學識，書中難免存在錯訛，還請專家學者批評指正。

尹勇力

二〇二四年元旦於山東理工大學

村烈記題辭

丙戌二月十四日稿

般陽香雪居士張廷敘拜撰

　　蓋聞水調歌頭，乍聽沾衣而酸鼻；小梁州序，每撫拍板而驚心。瓏瓏小部按梨園，別開生面；卓犖彩毫留粉本，獨著奇蹤。固宜律協崑山，亦使名高白下，乃有裁花韻士，呵月詞宗。生來曠代奇才，家住烏衣巷口；演出彼都軼事，聲飛紅豆村邊。插賓白科諢之閒文，調笑頗多韻致；變生旦淨丑之常套，發揮尤極森疏。班班腳色總如生，歷歷排場真入畫。寫貞媛之悲憤，則白日寒霜；摹奸徒之猖狂，則黃昏苦雨。貪嗔即歸幻滅，酒色立致艱危。活鬧歪纏，不分僧俗；妝憨美勢，總屬官人。濟弱扶傾，一煞時哭來義虎；尋針覓線，百忙裏恰得蹇驢。言言堪當鐘鳴，字字渾成棒喝。截然四折，疑蟠無尾之神龍；渺矣千尋，泂立超群之仙鶴。問七襄之機上，錦繡輝煌；探百寶之箱中，珍珠錯落。重過金荃之價，近登玉茗之堂。以此填詞，何妨致曲珊珊；清韻吹既，能流靡靡柔思。想應可唔，詳披遺帙，絕愛特葩。敘夙昧聆音，烏鹽角非所諳也；終慚顧曲，白紵吟猶及見之。繞流水以神移，挹凌雲而懷遠。遏梁餘響，風流願付雪兒；隔座遙情，婉轉會教挑葉。蝶戀花教坊舊譜，翻階尚有歌郎；鵲踏枝樂府新篇，入破誰為和者。敢云學步，聊復題辭。

香雪園重訂詩總目

小怡亭集

借松軒集

桐雲樓倡和詩　　哭花詩

繭思集

香雪園別存稿

訥齋近稿

恨餘碎存

錦湖集

浮寄稿

定新窩初集

定新窩二集

堅至軒稿

爐餘詩　　西園集

靜持新詩　　金還集　　秋社詩

懷友詩　　百女仙詩

荊囊集補編

濼遊草

娥江續集

蘭陵集

鳴鶴草

小怡亭集

壬戌　家大人捐俸倡修學宮告成紀盛

戟門高廠俯南山，宮殿霏微翠靄間。親解橐囊捐冷俸，不教風雨敝賢關。宜人莒蓿肥文苑，晃日罘罳護聖顏。從此天開文運遠，肅從酌獻紀清班。

今樂府　有序

小兒俚歌義有可思者，即其聲稍易其詞，為今樂府云。

長尾郎，毛羽翩翩修尾長。婦則娶，親則忘。問親何往山之崗，問婦何在窩中藏。覓食飼婦，親不得嘗。長尾郎，修尾空復好。不及反哺烏，飼親嗚嗚如將雛。

右長尾郎

麥花香，稻根苦，小姑欲嫁年十五。新制雲鬟纔上頭，鈿車不上微含愁。阿爺悲辛阿媽泣，大哥送出前庭立。獨有阿嫂語模糊，帶笑回頭看小姑。

右小姑嫁

山中鵲，山中飛，兒無父母苦無歸。腹中無食誰為食，身上無衣誰為衣。東鄰亦有兒，與兒同生時，有衣有食焉知悲。人前□躑任所為，孤兒見之雙淚垂。

右孤兒苦

大婦弱，小婦虐，丈夫不惡婦命薄。憶昔嫁君牽翠幕，菟絲女蘿欣所託。豈識中間成乖錯，池水自清魚自拙。猗嗟乎池水自清魚自拙。

右大婦弱

－231－

有鳥有鳥棲高枝，有女有女悲孤帷。鳥宿高枝月不照，女守孤帷風來吹。早知夫婿情好遊，悔不化為江水流。夜深親繡孤宿鳥，寄郎知在何處舟。

右商婦怨

鳥棲曲

黃金絡頭青絲韁，蹀躞驕馬冶遊郎。女兒十五顏如花，與郎相逢在狹斜。春光窈窕宴繡閣，欲醉不醉日將落。清歌妙舞使君前，含羞一轉私自憐。白蓮宛宛如香雪，紅蓮儼儼如猩血。儂與蓮花還相同，看儂腕白襯衫紅。

賦得荷芰扶疏水半城

漁洋先生自原題憶明湖

最憶明湖照眼明，薰風香裏蓼花生。嵐光翠遠山如洗，波縠紋輕雨乍晴。鴉髻經時蕩槳急，蘭橈一曲採蓮行。今來錦漲應全滿，荷芰扶疏水半城。

夜度娘

芳徑春泥滑，夜深透香舄。殷勤只為郎，不解滅行跡。不信蒼苔露，今宵特地寒。冰痕漬羅襪，明日待郎看。行亦不珊珊，步亦不儼儼。滿院芰荷風，偷啟葳蕤鎖。郎如梅花香，儂如梅花影。影自憐香來，婆娑不避冷。

題畫

水上荷錢幾個個，堤邊柳線一條條。衝煙冒雨身全濕，草帽蹇驢踏板橋。

大文先生攜酒過訪即事和謝

相逢大笑盡風流，取次攜樽上小樓。婢未知詩慚鴉角，僕無捧劍借蒼頭。一天宿雨陰□斂，滿地飛花散不收。酒聖輸君比從事，尚能肉食嚼彭侯。

原詩附

南阮何妨醉羽觴，擬從杯底送斜陽。詩才未解鄰風絮，酒政猶堪借雪香。〔註1〕滿院鶯花留几席，一樓景物貯奚囊。明朝共訪元方去，指點東郊數雁行。〔註2〕

〔註 1〕薛雪香，余婢小名。
〔註 2〕萊陽張煥恩稿。

苦繁形

我欲化為三尺神劍擬太阿，下與濁世除妖魔。揶揄斂跡鬼無訶，寒光森森霜刃磨。安能默默甘風波，我欲變為霹靂兼雷霆。崩崖倒堅鬥巨靈，安能勞勞困繁形。吾不知造物爾誰薄爾誰厚，眼底離奇顧此群醜。爾饞涎垂垂趨利藪，哮聲猩猩恣狂吼。爾何不滅其生絕其壽，庶幾物亦不生人亦不有。東尋若木秉燭龍，相逐二曜躡仙蹤。誰是張公子，避谷從□松。不如一片浮空雲，飛來直繞太乙峰。

感懷

牢落襟懷百不宜，人情世態兩羅師。三千縱橫胡為耳，九萬扶搖易致之。下蔡浪驚絕雙豔，上林先發最高枝。饒他雞鶩紛爭輩，獨立閒廷正賦詩。

詩滿奚囊酒滿卮，高歌狂飲太權奇。行藏未必非名士，月旦何妨付小兒。說到風流渾是癖，看來迂拙不曾癡。最憐眼底宜人事，一片煙巒柳萬絲。

營子道中口號

隱隱山隔深樹，依依鷗立淺沙。古道秋風馬跡，荒村落日人家。

半沉未沉落日，欲住不住行蹤。野寺自投過客，山僧誰解留儂。

野風來遠道

野風來遠道，吹我衣襟涼。徘徊岐路間，去去阻且長。豈不憚險阻，所憂在無裳。丈夫懷遠大，羞為兒女腸。十年計不就，萬里志空忙。征雲彌空山，回首望關鄉。

蕭蕭河中蒲

蕭蕭河中蒲，磊磊城上山。□□疏柳蔭，嫋嫋暮雲端。蒲柳亦易摧，山雲安可閒。人生在斯須，悔不盡朝歡。服食草木滓，長生良獨難。中心愴復惻，懷此以長歎。

觀香燈道場書見

月映仙燈燈映香，宜人雅不在尋常。風前小住渾遊戲，看煞徐娘半面妝。解脫還從色相天，半涵秋水半涵煙。料應不為情緣謫，認是寒簧姊妹仙。隨安盤絲壓髻偏，豔光迴與月宮連。他年借取香花供，也續人間歡喜緣。

子夜歌

儂有雙鳳釵,一枝簪郎髻。不辭鳳釵分,郎但好護惜。儂有赤絲繩,殷勤繫郎足。繫郎郎應知,與郎共躑躅。

朝亦望歡來,暮亦望歡來。歡來竟何時,梧葉落空階。郎心真成蓮,妾意亦成藕。藕絲無斷期,蓮房長共守。

懊憹曲

懊惱復懊惱,懊惱非舊容。秋風兼秋雨,那不懊惱儂。生憎長河水,為郎別離多。開帆千百里,望望空煙波。

擬古　並序

世風遞降,文體大變,詩尤其甚哉。粵自中天,皐射解慍,希聲獨奏,即鄉雲一歌,擊壤一曲,□乎尚矣。三百正變,較然可睹。風詩既亡,厥有楚騷,變之始也。再變而為漢之樂府,為五言古,為雜歌。沿及六朝,遂變而為豔體。唐興,變為律詩。唐律以還,流為填詞,濫為套曲。嗚呼!變極矣。先王正始之義,蕩然無餘,淫哇嘈雜,愈新愈漓,世趨澆薄,有識病之。夫人情所感,聖人弗禁,要取其善足興,惡足戒,如是而已。政曰:「詩三百,一言以蔽之。」詩之微意,端可識矣。然則動於情,止於禮,君子將有取乎?無取乎?間嘗流覽篇什,想像雅化,竊於正樂有宿憾焉,爰託春女懷人之詞,用抒綢繆委曲之思,倘雖溫柔敦厚,深知不逮,倘可謂動以情,止以禮者耶?若以生令反古,是為予罪。予滋愧矣,嘻不敢言。

瞻彼中野,禾黍離離。我有父母,父母不我知。其不懷君,父母不我知。
迢迢中麓,卉木叢叢。我有諸兄,諸兄忡忡。豈不懷君,諸兄忡忡。
周道逶迤,君行空悠悠。我有高垣,高垣危且修。豈不懷君,高垣危且修。
父母生我,我扶我將。人亦有言,兄弟雁行。嗟我懷人,亦孔之傷。

瞻彼中野四章章六句

追和友人閏九詩

浪跡悲秋西復東,孤懷犖確許誰同。黃楊閏厄經年運,白帽重飄九日風。已分閉門拚病發,卻驚著屐滯時窮。邇來頗欲逃塵累,綠酒黃花映帶中。

一年兩度稱重九，更插茱萸照醉顏。病起隨人說秋序，愁來遲我看雲山。樽浮深碧晚煙際，樹擁亂紅殘燒間。不堪目極登高地，蕭瑟寒原野菊殷。

秋晚南城偶眺

高城一上迴愁予，況是驚秋眼倦舒。半掩綠窗故家宅，幾叢紅菊野人居。火馳衰草燒山遍，水遠荒畦澆菜疏。南望衡陽真萬里，撩空征雁亂雲書。〔註3〕

丙子十月訥齋主人檢存
甲申四月訥齋主人重訂
小怡亭集終

〔註 3〕時家兄客湖南。

借松軒集

五里河口號

行憐披拂橋邊樹，臥看參差郭外山。一起香塵飛不散，野風竟日欲忘還。
香生睡草平鋪岸，力軟遊絲不禁風。十里河堤花拂水，山村一抹綠煙叢。

花山絕句

羅綺為衣紫玉鬟，年年三月上花山。尋常女伴渾相識，絕頂風高笑語間。
小橋兩岸接山蹊，橋上女郎髮欲齊。嬌癡不慣隨阿母，買得荊籃手自攜。
紫閣霞宮雲外浮，賽神巫婦鼓聲幽。不愁殿角匆匆立，贏得紙灰飛滿頭。

邀大文先生小酌呈教

君能為客經年慣，我愧逢時百事疏。飲此一杯須盡醉，子規聲里正春餘。

讀列仙傳

黃粱已醒邯鄲夢，不信仙家點化奇。個裏靜涵應有象，幼中回境定無思。
陰陽顛倒須溫養，水火工夫在築基。借問紛拏塵俗客，先天一炁竟誰知。
鶴歸未忘千年恨，柯爛剛消一局棋。浪擲金錢求蔓草，徒勞竹碗滴靈芝。
自從物外懷匡績，不信人間識孟岐。便可還山煮藥石，閒雲鎮日拾松枝。

老將行

見說烽煙便不平，投軍年少誓從征。殺人如草三千戰，又著鐵衣巡夜城。
絕塞風高一劍寒，旌旗十萬隔營看。將軍令下軍威肅，親點精兵入賀蘭。

看山

山徑高於屋，坐見煙深處。幾樹□相涵，牛羊自來去。

桃花盛開感成

煙柳乍含輝，桃花色復緋。移來上林苑，開向武陵磯。不引魚郎入，空懷之子歸。一枝春豔好，何處映羅衣。

病怯風懷減，愁添景物違。斷腸春社雨，一剪燕初飛。崔護經年別，劉郎幾度歸。不堪還載酒，努力惜芳菲。

店子即事

疏疏密密雨風斜，溪上山村三兩家。未免有情忘不得，一枝牆外馬纓花。

閒居

小苑鎮幽清，新詩祇自評。隨風送竹雨，繞砌亂蛩聲。味向閒中得，思從悟後平。高懷渺無際，徙倚夜三更。

風力漸蕭森，疏簾冷欲侵。滿庭飛落葉，連夜靜秋霖。獨對伶俜酒，長懷謝朓吟。詩成神韻在，一曲暮煙深。

堤上曲

香堤是處柳三三，堤上遊人手挽籃。拾得砂挼歸去緩，身邊彷彿佩宜男。

留客

何事匆匆歸興奢，試看落日又西斜。縱然貧舍無錢供，尚是鄰家有酒賒。古徑寒餘殘雪隱，荒村遠隔暮雲遮。與君聊覆杯中物，共向南郊數晚鴉。

北關晚眺

登臨欲倦暮煙昏，幾處人家尚灌園。斷雁寒隨秋色遠，鳴砧晚伴笛聲繁。浮沉底是飄蓬梗，潦倒惟宜劚菜根。借問悠悠逃俗累，無端怨恨更誰論。

踏聖尋芳意不慵，山城郭外徧遊蹤。偶逢野叟獨留客，便坐茅廬同話農。幾樹煙涵近市柳，一聲風送隔林鍾。到來羨爾清臞士，欲買溪田荷畚從。

山子莊

風味依然太古村，經時雞犬靜柴門。禁他群稚羅禽鳥，愛爾田翁教子孫。

十里桑麻遮隴跡，幾家耕種倚山根。透犁更喜甘霖足，指點新晴計雨痕。

　　望眼青蔥睡草鋪，杖藜野老白雲俱。惟將黍稷供官稅，不糜雞豚供客廚。
樹有山禽聞剝啄，門無縣吏絕追呼。饑驅愧我方經慣，數畝荒田未易圖。

東城望念東先生園亭

　　平泉金谷消沉後，獨有先生載酒堂。堂上無人還載酒，籬邊景物晚蒼蒼。
小溪曲折來官壙，古樹扶疏過女牆。落日憑臨多古意，孤城徙倚欲沾裳。

望鮑山

　　管鮑分金地，人傳是此山。高風宛可接，緬想白雲間。一望空黃草，單椒
失翠鬟。祇今誰義氣，搔首淚痕班。

續夢詩

丙子十月念五日夢中得一聯醒而足成一律

　　振翮搏風起孟諸，三生夢感定何如。不應回首諸天外，驟覺灰心歷劫初。
五色雲中載瑤鶴，雙虹橋上駕脂車。〔註1〕逢人若問干時技，不賦長楊賦子虛。

詠史

　　天魔舞罷蕩龍舟，別院春深耽戲遊。演揲秘傳人未曉，詎知王氣萃濠州。
失守金川事可傷，至今誤國痛齊黃。聊為掩耳偷鈴計，宣諭徒勞幾萬張。
北狩倉皇掩日光，亂軍猶解殺貂璫。劇憐無地稱翁父，間煞無須王侍郎。
一騎飄然去國時，謝劉王岳總同悲。如何伴食中書者，不聽鷓鴣與子規。

阿醜

　　阿醜亦奇哉，不知有天子。借問爾何為，仗此兩鉞耳。

桃花

　　煙籠水覆鎖春葩，不獨依都鬥彩霞。綠柳自然同繫馬，白楊曾與共藏鴉。
未舒之子于歸葉，先放漁郎引路花。錯語牆邊紅豔煞，多情社燕倚風斜。

　　丙戌五月訥齋重訂
　　借松軒集終

〔註1〕夢中二句。

繭思集

繭思集自序

愁絲如縷，無割愛之慧刀；恨緒重纏，乏燒情之智炬。常悲佚女之無媒，尚恐呈身之有玷。瘦盡弓腰楚楚，月寒弱影離幃；啼殘珠淚珊珊，霜掩孤魂夢枕。懷往馳情而酸鼻，撫今誌感以摧肝。比紅兒千古風流，楊白花三春寒落。拾遺香於黍累，留化碧於繭思。已是三眠，何處冰蠶織紙；渾成八繭，揭來銀甕擘箋。句擬玉臺，辭慚白紵。曼聲繞屋，不屬韓娥；腐魄留衣，若憐何氏。萬疊情煙結穗，空堂翡翠誰依。百年幻業消波，旮井胭脂自盡。輸我孤懷吟貝葉，任他並蒂綻蓮花。丙子冬日訥齋書。

不須

不須八字羨同庚，六六巫山並列行。南國莫愁愁是號，東鄰巧笑笑為名。似曾相識輒心許，未免有情空目成。知否張郎最憐汝，銖衣縱佩倚風輕。

美人

美人雙結椎，妝就出羅幃。朱破點桃頰，綠勻分黛眉。從來媚郎意，不遣狡鬟知。薄倖張公子，曾逢未嫁時。

薛雪香

好勝誰知薛雪香，十三妮子怯春忙。等閒結束花枝密，不放銀光月到床。纔除了角學梳頭，照影烏雲滑似油。怪得不知春恨攪，背人歡笑見人羞。

感舊

也愛尋歡角戲場，春亭鬥草燕隨忙。胸陽莫問平康路，音斷十年於喜娘。
杏子開時燕子天，人家舊住錦溪前。因緣常愧書生薄，風露滿身花下眠。
池上叢飛芍藥團，重門深鎖月盤盤。親聞侍女傳來信，莫近紅樓第四欄。

少年行

王孫歌管列吳姬，高廠華筵接短籬。醉舞春風扶不穩，杏花撲面落胭脂。
養成烈馬快如飛，綠絡銀鞍看打圍。欲把烹調教小婦，歸來先脫獵時衣。

戍婦辭

郎行不可留，妾語轉喟啾。朔雁邊聲夜，西風漠氣秋。隨人騎塞馬，破賊
仗吳鉤。敢有封侯怨，君恩正未酬。

憶事

十五踏燈春月圓，春城街巷鬧喧闐。一雙姊妹渾隨慣，不避旁人競拂肩。

花間曲

軟風微微亞修竹，細雨浸階苔痕綠。蜂蝶嬌弱不禁斜，南園陣陣飄香玉。
對門小女能踏歌，三五盈盈花映肉。生來不解為花羞，鎮日看春看不足。明年
嬌鎖雙鴛鴦，殷勤共向花間宿。

我亦

我亦癡迷最憐汝，尋常心性到應難。親燒香字將添戒，細注金経擬共看。
窺夜猶饒胸雪在，調情未覺鬢雲殘。近來新得酣春術，不用迷樓十二闌。

纔是

纔是天仙又地仙，雲情雨意兩纏綿。歡應不猒三千夜，悔尚遲逢五六年。
前度劉郎拋玉軫，重來商婦撥冰弦。風流占盡人間美，□殺橫陳舊小憐。

曲榭

花藏曲榭人來少，春到芳叢我最知。山色似添螺子髻，柳條總讓鴉翎眉。
熟調鸚鵡教桃葉，細譜鴛鴦和竹枝。暗寄彈箏銀指撥，重將水調慰相思。

今春

獨有今春別恨遙，蘇娘曾是舊相招。香綿膩枕溶溶玉，弱影回燈楚楚腰。和淚欲留巫峽雨，看花錯認武陵潮。空慚杜牧揚州夢，不到十年魂已消。

誰教

誰教秘意泥〔註1〕幽蹤，錦帳疏闈夜夜逢。尚是關心歌亦鳳，不曾助手喚烏龍。影從月榭隱中現，香到花陰缺處濃。若問秦宮雲雨事，巫山新就十三峰。

牟村

煙柳垂垂宛繁思，斷腸景物斷腸詩。他年記著消魂處，落日荒村土地祠。

小娃

小娃弱小剛三歲，慧性天然千百強。習語纔能說儂汝，學行便會捉迷藏。泥人約約嬌牽袖，愛汝盈盈短近床。更待十年髮垂頌，鏡臺應解貼花黃。

感夢

一夢宛歸倩女身，分明有恨向眉顰。暗知不是人間別，羞對陰風說後因。舊種名花號合歡，鴛鴦雙宿鬥春闌。辟邪散盡分飛去，夢裏猶傷翠羽翰。

題墨娘傳後

一自傷心賦隕香，送春幾曲更難忘。年來恨淚愁將盡，又向人間哭墨娘。
苦語魂消土地祠，神前理懺忽成悲。荒村日暮休回首，白骨黃雲一漫堆。
玉腕曾窺墨樣痕，銀箋親拂夜黃昏。寒梅白雪依然在，說起情癡總斷魂。
一綯亂挽鬢斜披，水閣春寒冷睡鴉。見說貪媅嬌不起，為郎壓碎鬧妝花。
來去因緣破未能，楞嚴夜誦學禪僧。從今勘破真空色，撒手情關即上乘。
道旁三尺矗愁雲，不借含情一弔君。安得化為花並蒂，教人知是墨娘墳。

雜憶

紅紗合影夜籠燈，解脫圍腰半幅綾。憶得深閨春意滿，繡衾纔暖暗香凝。
困人天氣晝遲遲，冰簟如波恰自宜。憶得畫簾初睡足，等閒春色上蛾眉。
驚心秋色恨應多，月上松梢映薜蘿。憶得闌干花露重，背人倚徧濕輕羅。

〔註 1〕去聲。

透幃奇暖散流蘇，簾外風寒逼繡襦。憶得迴廊不避冷，自團香雪貯銀壺。
嫩紅瓣瓣復鮮鮮，著意裁成弓樣尖。憶得燈前針力倦，殘絨唾盡懶重添。
憮憮每護病中身，宛轉娥眉向夜釁。憶得繡幃慵未起，柔肢怯處更宜人。
嫌將夭冶鬥豐姿，淺鎖春山不畫眉。憶得花間微中酒，海棠深染淡胭脂。
婆娑花影愛雙雙，秘意深深未易降。憶得披衣春力軟，為嫌月色閉紅窗。
深沉小院戶長扃，掩映秋光入畫屏。憶得閒庭人靜後，自裁紈素補窗櫺。
畫梁燕燕解雙棲，繞樹黃鸝鎮日啼。憶得碧階春雨濕，戲調花蕊合香泥。

妾薄命

嫁來減盡畫中身，望絕巫雲春復春。飼馬飯牛等閒慣，背人偷賽紫姑神。
人言姊妹兩嬋娟，謫在紅塵十五年。同日嫁郎學梳洗，相逢何苦不相憐。

春豔辭

愛慣嬌慵不試妝，與郎撲蝶過迴廊。掠人春扇雙雙亂，拂卻簪頭十里香。
蛾如脩黛荷如面，不慣歡情只慣癡。但使蓮心堪繫藕，何妨繭素別縈絲。
海棠院落雨初收，折得一枝春色柔。未必郎行能愛好，連花連葉插人頭。

無題

底事年來欲自羞，剩將蹤跡伴浮漚。蹣跚殊愧嚴陵足，憔悴猶餘子羽頭。
玉塵空存人已去，金盆既覆水難收。春花春草尋常過，檢點鸞箋賦四愁。

由來消息兩難期，擁鼻長吟悢悢辭。自愛蓮花結蓮子，誰憐桃葉護桃枝。
黿應有恨仍懷網，蠶未成眠不耐絲。情緒惘然腸欲斷，夜深孤月照空帷。

楞嚴誦罷即瀟然，曾入仙山別有天。碧樹一枝春合雨，瓊花三徑月含煙。
窺奩香壓雲為靨，臨鏡影添珠作鈿。夢斷武陵風信急，不堪憔悴問情禪。

歡會無端逝水場，此生何計慰江郎。枕香奩影皆消歇，海月天風兩渺茫。
雁字愁將傳尺素，淚絲忍擬織流黃。閒憑玉笛調新曲，一折伊州欲斷腸。

螢火撩人時暗流，夢回辛苦憶揚州。空言有藥能銷恨，應笑無詩解買愁。
病去維摩長伏榻，情深王粲漫登樓。花魂零落風流盡，欲禁癡懷不自由。

嬋娟何處賭妖嬈，春暗雕梁燕語嬌。墮月床前看馬鬐，遏雲席上記鸞簫。
三更易盡崔徽淚，一寸難增沈約腰。自是人間惆悵事，青煙無際鎖星橋。

郖亭別後鎮無眠，撥盡琵琶泣斷弦。空見尋常花自落，不逢十五月難圓。
生前未許雙飛約，夢裏應羞一會緣。魚雁消沉春信絕，潘郎薄命總由天。

香殘枕簟伴黃昏，說到因緣懶再論。望絕青鸞傳恨字，愁添紅淚續啼痕。當春欲化花間蝶，隔世曾逢石上魂。一種淒涼消不得，年年芳草怨王孫。

獨爇金爐暗自嗟，香奩人去隔煙霞。休將團雪調蘇小，莫更窺牆認宋家。夜雨難和前部曲，春風已失後庭花。仙塵望斷天台路，一夜魂銷萬里涯。

臨鏡朝看意似癡，畫闌香黯絡塵絲。西廂有地能留月，南內無人莫賦詩。生為多情呼小玉，死憐遠嫁哭文姬。春愁寂寂啼鵑急，碧草青天總欲迷。

伯勞飛燕悵西東，穠豔爭輝一旦空。羊氏徒逢萼華綠，黃家難覓笑春紅。花妃終古埋花冢，月姊何年出月宮。十二峰前雲雨歇，劉郎和淚泣悲風。

百結迴腸欲訴誰，梁園春事自來遲。愁和舊淚題蕉葉，忍織新裙舞柘枝。冷翠殘香須料理，輕紅淺碧費扶持。多情合是為情死，燕子樓中月半規。

春心黯黯結冰壺，袖冷韓香淚欲枯。金粉經時沉絡網，銀屏從此障流蘇。以身投客逃紅拂，拚死酬思墜綠珠。賦就高唐渾是恨，休將宋玉比登徒。

深慚無術覓嬋娟，把火殷勤照睡筵。唯有情根堪縮地，由來色界欲彌天。千金不換千場醉，一枕難成一夜眠。風景於今渾浪擲，誰從劫後問身前。

憶事

娟月隴邊宿草生，隕香詞裏淚痕輕。黃昏夢醒看遺襪，嗚咽年來瀑水情。

感舊

月上銀床記未真，相逢共是十年人。世間最有傷心事，覓得無雙死采蘋。

訥齋近稿

春社村居

山村鱗次接山城，社鼓年年祈賽行。十里蒼煙歸晚牧，一川宿雨阻春耕。市廛共樂絃歌沸，官吏相安租稅輕。應愧書生無寸補，鄉云曲裏紀升平。

寒食夜發龍山道中

春深夜氣乍冥冥，聒耳郎當響鐸鈴。寒食全拚愁裏過，荒雞總向客中聽。天河匝地如長道，山火依雲似遠星。莫悵鄉關離漸遠，凌晨貰酒醉旗亭。

登摩訶頂望會仙諸峰

岩嶢直上三千仞，指顧平臨十萬峰。便念摩訶從此悟，不須世外問仙蹤。

春蠶詞

春陰三月聽倉庚，戴勝初來桑葉生。提籃十五香閨女，日日採桑南陌行。
近來不祀馬頭娘，憑仗三姑作繭王。還語鄰家飼蠶婦，等閒採柘莫採桑。
青青桑葉千萬株，垂垂桑椹美如酥。不憐桑椹為儂食，卻憐桑葉為儂襦。
四月清和欲暖天，儂家蠶好恰三眠。更聞官府除蠶稅，不用新絲當租錢。
春蠶比似秋蠶多，槲葉其如桑葉何。不見山場收繭後，蝴蝶蠕蠕飛蠶娥。

醉中畫竹同濟川先生賦

豈是渭水濱，千畝蒼莨樹。何當斫新筍，胸中貯玉露。安得十丈絹，寒梢百尺長。此竹尺寸耳，奕奕生龍光。寧不願寫梢，枝葉凌冰紙。只恐化龍飛，驚翻硯池水。

附同賦

瀟瀟幾竿竹，灑然弄寒玉。我欲對此君，仍復大嚼肉。恨無米襄陽，王猷何太孤。應是凌霄節，不伴一卷徒。

又詠竹絕句四首

不植青松不種蓮，琅玕疏影正含煙。對君擬學髯蘇老，便可同參玉版禪。
長成綠葉真宜酒，種得濃陰但覆棋。畢竟王郎解瀟灑，霜披雪壓看疏枝。
拂水迎風淡入神，此君風調是天真。枝頭不點湘妃淚，恐有離思撩亂人。
朱色閩南嬌是玉，麻姑黃種亞於銅。可憐寂寞森寒籜，誰聽一簾君子風。

花朝偶書

二月銀塘柳欲絲，杏花取次綻新枝。不須竟過清明雨，已是嫣紅輕綠時。
洗雲雨與卷沙風，幾處春光迥不同。忽憶梁園添故事，隔年花信曲亭中。

病中送于方城南平兩內弟赴唐邑署中

縹緲群山驛路清，車輪轉轉趁春晴。一行兄弟識佳士，滿載詩書依老兵。
此去鱣堂皆奮發，到來鳳閣兩縱橫。支離愧我方多病，折柳無能遠送行。

和于方城無夢軒詩

半榻清風繡拂圍，十年魂夢隔依依。參將秘籙空三戒，翻盡楞嚴悟四非。
小住壺中皆淨業，熟眠驢背亦天機。近來懶問華胥事，笑撚香燈照太微。

庭前小柳同濟川先生賦

約爾庭前柳，春來發弱枝。不是靈和種，何勞動怨思。記得灞橋畔，長條
復短條。空階三尺樹，披拂亦魂消。何處綺春閣，垂楊鎖畫樓。一枝分別院，
踠地若含愁。莫教輕成絮，溶溶踏雪泥。不見梁家苑，新鶯別處啼。月色故參
差，露痕更瀟灑。此際正懷人，寄郎莫繫馬。

瞽者馬媼老態可憐，而歌聲悽楚，有少年所不及者。口占三首，殆杜老、白公不遺劍器、琵琶之意歟

教坊舊譜調梁州，瑟瑟東風明月樓。也似蝦蟆陵下婦，琵琶哀怨託江頭。
抱阮塵埃虛可憐，檀槽一曲意珊然。尚書宅地空荒草，猶自殷勤話月仙。
瘦盡韓娥音太清，繞梁還唱飯杆行。應憐老去雙蓬鬢，弟子無人繼曼聲。

石橋途中望花山諸峰感舊

儼然宮樣小煙鬟，如此風光魂夢間。含淚何堪題舊事，年來不到雋家山。

天晴麥浪日籠光，慚愧花山舊會場。驕馬隨人三月暮，野風十里看燒香。

內子於繡釋迦普提像為題二律

入世唯耽寂，經年雅好禪。身依繡佛座，人在散花天。授偈將添戒，焚香欲攪眠。何因空色像，立地悟前緣。

釋迦傳衣在，普提證慧緣。依風人淡宕，拂樹月連娟。余亦談空者，安貧不受憐。香燈消息迴，若個共芳年。

崔第榮

海內誰憐崔第榮，迢迢千里覓難兄。祇今白首空揮淚，猶自人前說鄭公。

梧桐

涼月一庭陰短籬，凌雲忽發鳳凰枝。憑君莫上朱絃索，流水難逢舊子期。

採蓮曲

昨日妾採蓮，亭亭蓮葉長。今日妾採蓮，蓮子欲滿方。蓮花亦易衰，蓮葉亦易黃。結子寧不好，時恐隕青霜。所以東鄰女，蕩槳城南塘。蒲芰多薰風，日日雜花香。

白蓮

經風款款白鷗寒，出水盈盈素羽翰。千載濂溪知己在，世人妄作眾花看。

丙夜初開露氣香，田田葉底納朝涼。真疑解語風情媚，不獨天姿似六郎。

明湖泛舟

秋日放船好，明湖一帶花。魚群驚晚棹，鴨隊浴晴沙。萍滿疑苔徑，蘆深暗水涯。不知歸去黑，新月淡雲遮。

剝棗

剝棗南山阿，東鄰邀同列。低枝摘已稀，繁梢垂欲折。撲落亂紅珠，綠縟變成血。童稚紛如狂，掇食忙不輟。勞勞塵網中，對此真怡悅。還歌少陵詩，吟罷禽聲歇。

詠史

金鳳親沾百院香，九龍新貯一歸郎。不知血濺宮廷夜，若個能憐帳底王。

客至

君乘合用獨輪車，豈有高軒到敝廬。設榻不曾除落葉，掩關聊復卷殘書。芋魁醬煮將充肉，椿葉油烹亦當魚。倘欲今宵留此住，一杯村酒可同予。

題王巽言前輩詩卷

崑崙詩派鬱嵯峨，逝水驚心遺恨多。賴有辨香留半子，一編閒嘯寄松蘿。

閱許殿魁近詩有羌笛聲來靜夜分之句因贈

入破新詞久豔聞，管絃厭盡錦城雲。詩思合是推丁卯，羌笛聲來靜夜分。

登新城北極臺

盤空劍氣鬱崔巍，北極平分紫殿開。鐵嶺擁雲橫近郭，錦湖通海接層臺。一聲法磬遲人至，幾個神僧迓客來。靈地直堪通帝座，謾勞回首歎塵埃。

雪漫平蕪意黯然，出門一望正寒天。林原氣肅凝冰樹，荊棘叢多冒紙錢。野鬼成燐煙寂寂，孤墳無主草芊芊。可堪屈指人間事，回首香消已隔年。

香火灰飛宿草痕，重來誰惜舊王孫。鎮聞鬼語咽流水，時有靈風飄掛旛。白練全消一春夢，青楓不記五更冤。徘徊土地祠邊樹，寂寞殘楊鎖墓門。

贈王表兄久託

看爾酒酣歌莫哀，酩然便醉亦佳哉。一冬雪徑遣童掃，三尺柴扉為客開。豈有吾曹能罵世，不妨若輩善馳才。且須檢點隨時樂，莫向昆明問劫灰。

臘梅

盈盈嫩色浮金碗，簇簇柔鬚點素紈。江北江南幾家種，莫向石湖花譜看。犀浦何年留晚香，誰教冷落伴寒塘。阿荃別是金陵派，記取仙鄉舊姓黃。

除夕前一日

狂來一曲且高歌，人事天時任轉螺。詩到添愁慷慨慣，酒因負債減除多。若木有光還駐景，仙槎無跡欲窮河。年年懊惱唯除夕，明日傾樽一醉酡。

除夕口號

紅布綿裙絡帶絲，人前拂拭盛容儀。看他憔悴閨中婦，不及鄰家小女兒。
一村爆竹響天地，徹夜紙錢通鬼神。獨有高樓人未起，貪眠不羨別家春。
宜春帖子屠蘇酒，怪爾人家有底忙。不見鳩蓬南院婦，年年辛苦怨糟糠。

與內子述懷

觸破樊籠絕染塵，自憐標格太嶙峋。到來九萬三千事，莫逐尋常億兆人。
智伯有頭漆如故，卞和無足刖方新。祇今羈尾飛騰易，忍使騙驪顧步頻。

見說長安有路回，春光指日望重來。從知配錯黔婁拙，莫怨技高蘇蕙才。
醉裏說詩流曲糵，燈前顧影倚琵琶。菩提慧鏡君知否，緣定先天漫自猜。

奇窮避債更無方，欲築高臺傍祝王。賣賦難求阿堵物，開奩羞典嫁時裳。
十年會入華胥夢，一奮終沾上國香。我似伶俜擁書史，對君何事不堂堂。

俠氣雄如聶隱娘，劍光寒似九秋霜。我慚磨鏡倚仙侶，君好騎驢橫戰場。
未必思讎宜泛泛，可堪世事總茫茫。空空妙手今誰是，放眼塵寰任太狂。

每借詩魔祛睡魔，挑燈仔細費吟哦。難遲日馭常留燭，欲挽韶光暫住梭。
丁令威來城郭變，春申君去雪霜多。憑君休問神仙事，腸斷當年踏踏歌。

相看同調亦同癡，無葉堂中迥自宜。枕膩流蘇香冒影，裙拖碎結繡成帷。
衝雷化暖魚驚浪，向日騰輝鳳借枝。寄語聯行諸女伴，等閒莫漫插疏籬。

挽于樵南內弟

吁嗟乎！吾不知造物生才果何為，炎天飛雪寒霜枝。林空原荒白日慘，
殘楊蕭蕭啼烏悲。我來徘徊孤墳之高阡，惆悵西風春草綿。弔君英姿磊落真
娟妍，玲瓏搖佩無比肩。詩名九歲方童年，最憶匹馬濟南道一鞭。行李囊詩
草，野店呼酒醉不辭。相看莫逆神傾倒，新編示我我不如。往往光怪陸離衝
懷抱，別來常羨芙蕖姿。夢去恍遊瑤琳島，忽聞召賦成玉樓。鯨翻鯢逝空悠
悠，自古才人無命總如此。傷心水咽時溪流，怪爾神鬼妒才多。枉教胸中星
鬥爭蕩摩，蒼煙漫漫陰雲夜。疑聞恨魄愁吟哦，修短生死那足論。脫除塵網
離鉤羅，嗚呼！樵南子，為爾歌，魂兮歸來無蹉跎。人雖沒，文未磨，艱思險
語天應訛。寧終珠玉埋土壤，會教堅勁掃群魔。人生知己難逢當奈何，淹然
雨淚雙滂沱。

謁母舅于珂先生感舊因呈六首

埋名何地無通隱，吾舅行蹤倍可憐。顧子風顛癡自在，倪公迂拙好誰傳。
案頭剩積窮年畫，囊底全空隔日錢。幻影虛花飽經歷，不如結屋近斜川。

相逢不盡渭陽恨，痛哭慈幃十二年。莫以親朋多侮慢，可堪甥舅兩迍邅。
我窮謝客撿三篋，翁老無家謀數椽。此夕圍爐須盡醉，逼人風雪正寒天。

膝前賴有瓊枝在，正好宜人弱小時。了了行看論範傳，堂堂定許和陶詩。
無雙才調滕王麗，第一家聲太傅宜。他日鳳池傳染翰，尋常莫進鬥雞辭。

累年兒女債偏侵，滿眼荊榛望故岑。托缽纔憐羞一飯，學書舊說廢千金。
文同入世原奇拙，中散論交未易深。且復隨緣留墨妙，人間無地待知音。

一曲琴聲冰炭腸，淒淒風景託清商。伺人暗影空如許，入世樊籠抵未忘。
乞巧有年終落拓，辭窮無地轉荒唐。近來頗愛長生術，辟穀從遊計亦良。

世業青箱不要論，誰從落魄歎王孫。漸看鬚髮垂垂變，新進衣冠故故尊。
社雨燕迷王謝壘，江風梅暗杜陵村。逢人莫話炎涼事，薄暮荒城掩鹿門。

麥浪詞

麥浪渺如春水波，麥花香泛蒲中荷。誰家隊隊採桑婦，疑是雙雙打魚婆。
十里風吹穀欲平，隴頭四月看潮生。道旁得得騎驢客，不管煙波自在行。
盈盈矮屋白鹽堤，漠漠平疇青玉溪。愛趁日晴農唱緩，一聲襖靄畫橋西。
漫從人世問滄桑，指日行看麥上場。便約浪平波定後，魚膏卯蓼大官羊。

犬吠四首

經年欺雪妒朝暾，蜀越偏多狂悖倫。四境初聞秋水店，一聲遙在月明村。
學來官語迎人意，亂入雞鳴動客魂。何用狺狺稱善吠，可憐搖尾倚朱門。

顧兔雄風何地無，金鈴那復羨韓盧。疑聞吳子宅中怨，似聽秦王宮裏呼。
野火飛殘傷故主，錦茵臥碎罵狂奴。辨聲細問君臣獒，恐有功名到狗屠。

斷語哮聲聽也麼，紛紛醜類鬼難訶。隔林狐隊潛蹤徧，繞郭人家聒耳多。
忍使倉皇奔正則，故教狂怪詫東坡。饒他喚起牢圍興，鳥盡弓藏奈若何。

鬼車厭路渺難平，神犬無端咀剌成。一例喧豗真狗苟，幾群鼓譟亂形聲。
仙人挾策雲中聽，壯士徵歌市上行。太息續貂空故智，已傳拙尾近臺城。

詠鸚鵡　得才字同內子詠

天然毛羽綠毷毸，妒殺禰衡善賦才。欲向隴山尋故事，唐家宮闕已塵埃。

夜讀山海經

風雨樓頭鬼嘯哀，幢幢燈影倚徘徊。象形欲盡山川變，注怪應添海嶽才。一鑿帝江空得竅，再巢金母更無胎。眼前多少操戈輩，恐有刑天逼座來。

和家兄亮齋湖南見寄

萬里長沙路，家書到故園。神依衡嶽遠，夢繞洞庭翻。骨肉干時薄，文章易地尊。何時決歸計，夜雨話今原。

附原詩

祇為饑馳去，匆匆發里門。無端分雁序，豈不念令原。千里指星渚，頻年別故園。長橋勞悵望，回首欲消魂。

感事

一曲回鸞欲斷腸，雲中姊妹舊同行。採蓮人散秋風渚，拜月樓空宿草場。安得來生還骨肉，可堪今世易存亡。忙中閱歷微塵少，無夢重尋無葉堂。

贈仇灘仲　以下錦湖集

市隱逃名任數奇，知君骨相有仙期。不衫不履遙遙見，為相為醫故故宜。橘井杏林春雨後，青囊丹竈月華時。相逢我亦清臞士，擬脫儒冠問採芝。

錦秋湖春望

煙鎖長橋水拍堤，春陰三月足豐泥。如何罨畫湖中境，一例風沙望欲迷。

萬山春遊

崎路倚雲平，風懸眾堅晴。鳥鳴多自詨，花發半無名。復此深山侶，依然太古情。何能逃□累，留與伴春耕。

贈王雲谷孝廉

歷下風光舊可憐，相逢記得夕陽邊。壯懷結客三千士，豪氣驚人四十年。每倚停雲頻看劍，乍聞流水更調弦。愧余把酒空今夕，輸爾題詩漢殿前。

蓮子湖頭風露清，幾回落魄繞湖行。三更火暗燈連市，十里星鋪水拍城。脫帽尊前從容慢，說詩座上任人輕。重來不用舒青眼，滿地荻蘆秋氣橫。

逐夜貪遊不是狂，向人何用論文章。典衣且貰千壺滿，托缽寧須七寶裝。禿筆藤箋渾灑落，長歌短句太荒唐。酒傭似欲催詩興，苦索金錢解敝囊。

同家龍頓先生王臨溪于方城遊黑虎泉　一作乃弟詩

溶溶秋水碧於苔，歷歷泉聲靜似雷。道士能棋居近郭，遊人把袂俯高臺。入門披拂雲對榻，夾路蒙茸花覆階。好趁金風初送暑，蒲團暫坐候茶杯。

經廢白衣庵

神宮亦凋敝，世事悵如何。女衲師徒老，官街瓦礫多。鐘欹秋草露，碑斷夕陽波。詎識湖東畔，遙聞撥棹歌。

香火何年盛，荒涼故地存。殘經梵字沒，破廟佛燈昏。鬼哭前朝事，尼歸背郭村。廢興渾見慣，不解話消魂。

和友端午詩

死後徇親傷孝女，生前為國哭忠臣。卷懷江上紛多恨，每到天中倍慘神。弱縷彩絲縈稚子，新盤角黍任家人。不妨用盡除邪術，善病應宜續命頻。

中秋書齋對月

令節悲蕭索，羈魂傷滯留。謝公空對月，庾亮怯登樓。臥病微名賤，干時薄技羞。明年攀桂侶，看爾過中秋。

先君子忌日濟南誌哀

淒淒風木動秋天，客裏思親倍黯然。一世劬勞哀此日，終身明發痛當年。濫竽薄技出人後，酹酒遠郊違墓前。正是消魂東望極，白雲彌野下齊川。

先慈忌日新城齋中誌哀

今秋蹤跡歎模糊，哭母餘生淚欲枯。忌日兩周十年後，他鄉獨寄一身孤。空思教子羞題鳳，已痛養親慚哺烏。遙憶故園兄弟隔，墓門宿草暗霜鋪。

陳家橋遊錦秋湖十首

柳覆漁莊暗，橋臨秋色多。遙憐故鄉水，遠入此湖波。嫩藻肥魚鱉，豐泥長芰荷。居人芟藕去，日暮未來過。

不厭湖中境，真宜水上居。菱多蓮子賤，稻長藕花疏。少婦總能渡，小兒兼學漁。問渠耕鑿者，此意復何如。

婦子船為屋，人家魚當田。湖中花拂岸，門外水平川。蝦蟹雜充膳，荻蒲時易錢。流連忘歸去，前路起秋煙。

地僻遲官稅，經時絕吏呼。煙涵滄海氣，水漲錦秋湖。晚雁留沙渚，輕舟入畫圖。漁翁知客意，遙說酒家壚。

徙倚景幽便，滿湖霜後蓮。憑將一片藕，換取十文錢。黠女香閨少，漁妝畫髻偏。應憐事漂泊，秋冷未裝綿。

小舟隨處坐，風暗荻蘆秋。氣肅花初落，湖平水不流。霜泥衡岸闊，萍徑過橋幽。直欲東行去，因看海市樓。

咿軋憑虛渡，疑從象外來。水雲應不散，天鏡若為開。編柳或成罩，看花多築臺。忽聞吹短笛，知是採菱回。

天地浮漚耳，悵然安所之。竭來一懷古，不見魯連陂。箭策空當日，風煙復此時。湖中為涕泗，寂寞伴題詩。

前輩流風遠，經行湖水光。今存翰墨蹟，舊染芰荷香。莫問蘭橈女，還歌大道王。蒼茫起秋思，霜色下寒塘。

桓臺多勝蹟，素愜此湖名。一水浮群縣，孤村遮近城。荷絲宮髮亂，水縠越羅輕。晚景猶明媚，春波信可行。

秋郊即景

雲破荒山樹，水環黃葉村。秋風行不盡，屐齒過橋痕。何處笛聲遠，幾家砧響繁。此中足通隱，一欲叩柴門。

重陽前四日書齋病中

不雨不風天氣肅，南歸羨爾雁行斜。時因久病初辭酒，節近重陽倍憶家。刻竹青幹成怪字，挑燈紅燦發奇花。他鄉莫問登高事，縵幓心懷愧孟嘉。

讀鄭谷詩

鷓鴣名重識風流，玉蕊紅煙燭影秋。好是當年豪氣發，題詩先上岳陽樓。
〔註1〕

────────

〔註1〕公自題云：「岳陽樓上敢題詩。」

黃閣莊病中感懷八首

孤蹤錦水空詩卷，落魄荒村尚酒卮。兄弟各天同旅況，家鄉百里阻歸期。傷心臥病親朋散，抵死擁書燈獨移。太息相看唯一妹，時憐愁緒慰支頤。

仰愧薪傳累葉留，文章名譽雁行差。三秋病寄臨湖館，十載魂消聽雨樓。計薄青氈甘冷淡，時多白眼拙營求。思親實有他鄉淚，霜冷燈昏夜暗流。〔註2〕

投筆還歌歸去休，松陰靜掃待人遊。空懷中歲縈青綬，已哭雙親未白頭。藥物耽如朝食肉，學童疏似晚飛鷗。何如債盡除心病，回首窩中理舊謀。〔註3〕

淒淒隔院咽秋砧，徹夜離懷病轉侵。骨肉摧殘他日淚，家緣破碎此時心。常經花落哭金鎖，又見霜飛傷玉琴。君在九泉相念否，輸君一死萬愁深。

負劍空回懶更磨，幾翻夢枕欲橫戈。廿年放廢終何補，半榻沉綿轉自訛。已分鳴機羞季子，更休織錦怨連波。祗今滿地逢搖落，秋老霜寒奈爾何。

似我安能避世憎，詩狂酒態竟誰憑。久窮學道恩讎減，多病離家感慨增。背燭下帷新嫁婦，闔門設榻定禪僧。此中縛盡英雄氣，天女維摩總上乘。

一錯應知悔少年，名花相背亦相憐。夢魂絮語渾難辨，風月癡懷已盡捐。鸚鵡隴中埋豔冶，芙蓉山下哭嬋娟。獨能婉轉關心事，新產明珠掌上圓。

抑鬱奚慚屈蠖悲，蒼蒼松柏歲寒期。已看刺眼馳封豕，何計囊頭到月支。湖海論交雲雨變，芝蘭入賦露華滋。也應賺得群兒慕，鳳起龍騰自一時。

賀王三輯五及其令弟覬廷同時入泮

雕鶚變化毛羽輝，秋風發兮雲霞飛。君家昆季並神俊，燕山五桂何足奇。就中英妙有叔子，文章道義真吾師。第四才名更絕人，頭角岳岳神童姿。兄先弟後爭跌宕，一時連臂凌天地。佇見盤礴應直上，紅綾丹桂無逶迤。科名自昔說二宋，盛事於今驚見之。玉燭共調歸金鎖，山龍同補裁龍衣。一樽預為握左券，花磚日影光微微。丈夫遇合會有日，紅開花萼榮雙枝。此際我亦騰之而，約君還看紗中詩。

感懷示內

同飛只合水雲鄉，舊是神鴛應未忘。常愛堆鹽和昔昔，抵憐破瓦祝郎郎。消沉宮粉絡金粉，冷落雪香逢舊香。打疊情根除恨蒂，楞嚴一卷比魚腸。

〔註2〕先君子有《聽雨樓詩》一卷。
〔註3〕先七世祖碩隱公堂名回首窩。

　　寫到金經擬更看，霜風吹雨灑窗寒。靜參劫火灰將易，誤墮回輪破出難。東海滄桑人歷盡，西山木石鳥銜殘。空尋祇樹比鄰眾，幻影爭知如是觀。

和內人金陵懷古

　　此地曾經爭戰中，尋常興廢古今同。前朝建鄴衣冠盡，南渡臨安事業空。一曲優伶悲宿草，千年帝子哭秋風。消沉江上休憑弔，落日煙波迷故宮。

　　金陵王氣厭當年，咫尺山河障遠天。城上龍軍新駐節，宮中燕子舊傳箋。臣心散似驚風鳥，國事消如漏水船。幸得太平征戰息，漫將怨恨託秋煙。

採蓮曲效鮑溶體二首

　　暑風夏暖波溶溶，水荇牽舟纖手同。窄袖細挽短衫紅，雜香繞指花垂胸。欲摘不摘遙呼儂，豔聲膩笑深朦朧。菱角刺滿蒲稜叢，浮鴨暖浴池當中。採蓮初趁菡萏風，時或斂手整髮鬆。便恐秋老蓮房空，鴛鴦別渚驚霜濃。柔絲不斷盈青籠，同行小女閒從容。

寄內

　　閉閣應修貝葉文，陀羅密諦許平分。功名莫怨徐郎淺，尚有新詩贈月君。

再寄內

　　金線花蟠壓繡裙，多羅光膩豔紅雲。知無撲棗羞王吉，未必傭書是竇群。燕子簾中人乍起，海棠院外日初曛。他年覓藥無相負，五色先成五嶽文。

即席贈孫大兄繼業

　　背郭新開近水莊，風流不減漢中郎。軟塵細逐連錢馬，叢樹深支笯錄床。得意湖山秋泛月，消魂歌管夜聞香。酌君更此一杯酒，拍手緩歌遊戲場。

題邑少宰王約軒菊石畫冊

　　繞砌種來陶靖節，當軒拜倒米南宮。都能寫入丹青筆，一一神光迥不同。何事餐英傳逸思，有人漱齒繼高風。臨題我欲浥秋露，明月千樽酬化工。

古意

　　紅鹽熟浸赤腮魚，石蜜生薦冰絲藕。千金一飯猶嫌輕，人家饑鼠繞屋走。官倉粟爛飽鼠雀，蠶房絲盡空簾箔。野禽日日催農桑，飛向枝頭喚力作。

浮屠無瑕卓錫入山賦寄二首

支遁逃禪後，幽棲草木青。齋分香積飯，法誦密多經。水月涵空寂，天花散杳冥。山中為說偈，知有野雲停。

道演初祖後，派分臨濟宗。聞師憑佛力，神咒可降龍。野鳥窺禪座，山靈振法鐘。無人問行腳，獨倚翠微峰。

甘將軍

霸業吳江望已休，將軍勇烈獨千秋。富池口外還祠廟，早晚神鴉送客舟。

詠老來少和內〔註4〕

寂寞紅顏不勝冤，老來豔態更誰論。三秋鴻雁淚成血，一夜杜鵑花有魂。愁見空堂飛鶴子，恨隨瞽井映桐孫。世間磷火能妖幻，苦雨翻盆鬼打門。

依韻和內二首

尋思無計駐華顏，聊可隨緣入舊班。輸爾才多年正少，稿砧一曲賦刀環。

春鶯啼澀柳盈堤，色嫩聲嬌我易迷。總使游絲能縮束，寸心爭禁不成泥。

冷

老屋罡風吹欲動，欹窗硬雨濕全殘。朝來冷極侵成雪，十里青泥凍玉盤。

詠古和內

姑蘇臺

姑蘇臺畔月如銀，響屧廊空妙舞塵。至竟鴟夷疑往事，越王終負採薪人。

漸臺

千年埋骨空蕭索，終古人傳舊漸臺。憑弔情深時一過，冥冥風雨逼人來。

綠珠井

盈盈金谷墜樓時，廢井荒苔饒怨思。千古季倫應不恨，明珠值得換娥眉。

武陵溪

何必桃源始避秦，仙家合住武陵津。怪他漁父空來往，雞犬於今解笑人。

〔註4〕老來少，一名雁來紅。

迷樓

如此頭顱信可雄，阿誰斫去亦成空。只今月慘隋堤樹，豈獨迷樓哭曉風。

瓊花臺

草漫行宮舊恨多，煙花冷盡水空波。也知風景年年異，回首雷塘奈爾何。

汴河

一夢揚州王氣休，無情汴水古今流。晚來風起煙波闊，咫尺魂消十二樓。

馬嵬驛

太液恩波出浴新，卻教天子驛蒙塵。不須更恨香羅襪，山鬼謠成已憾人。

和內擬真州晚泊

一聲漁笛暮江樓，一曲清吟江水流。他日輕帆停畫槳，細將煙色認真州。
〔註5〕

園亭四季詩和內韻

耽閒那復問禽魚，忽報春深和氣舒。幾隊金鱗驚客後，一聲黃鳥狎人初。
菡萏開時野水溶，湖波遙浸兩三峰。採蓮女伴隨人去，知入荷花第幾重。
海燕回飛敞畫樓，漸知風景變成秋。消魂日暮夕陽道，望斷遠山歸牧牛。
愁思一夜歌成雪，門外寒梅聚白鷳。猶恨朔風吹不去，朝來隔盡數層山。

和內人夢中詩

看躍金鱗日，即乘彩翼時。此生應有定，無事問前期。

又和夢中詩二首即用原韻

萬峰巀嶪路高低，夢境傳來我易迷。一自仙人歸洞去，白雲千載鎖清溪。
滔滔濁世總浮波，何地塵緣解悟多。萼綠華來張碩在，大家還向月中過。

和內勉其令弟詩

顛狂詩酒原身累，落拓文章總數奇。終是成名我輩事，如君苦語亦堪師。

〔註 5〕首句內子原詩中語也。

聖駕南巡內子于氏以詩紀勝依韻和之

詔許經生策治安，六龍出幸際時歡。行宮深護鸞儀仗，選飯新呈玉粒盤。萬姓山呼雲駐輦，千官繡簇錦隨鞍。宸遊自是關民瘼，何用賡歌行路難。

夏月和內人用原韻

長短薰風枕簟涼，誰家合宴醉霞觴。夜深露濕闌干影，新月隨人過別廊。

和內聞鶯詩用韻

軟雨滑風禁下樓，雙垂銀蒜押簾鉤。嗔他桃葉調鸚鵡，柳外鶯雛語正柔。

和內初夏詩用韻

花草滿頭離亂香，短衫自著愛朝涼。關心蛺蝶沾紅袖，解事鴛鴦睡碧塘。

中秋對月和內

年年恨是中秋節，端正清光露一團。今夜傳杯兼得句，與君歡喜月中看。
映階桂子月中同，一色清香掩冉風。坐久暗知人世事，花開只在曲亭中。

讀古歡堂詩卷偶題

山左詩名據上游，後先七子競風流。漁洋老去山薑死，冷落華泉白雪樓。

時有乞余為鄧侯祠聯者因成二律

丞相高名自今古，巍巍祠廟耿輝光。齊巫賽鼓時激烈，漢帝寢陵終渺茫。從指顧□絕秦楚，任揮使者有韓張。君看蕭瑟松階下，鳥啄荒苔草色蒼。

年年禋祀蕭官祠，靈濯人推吏治師。刀筆全翻秦制度，衣冠猶凜漢威儀。關中法立三章簡，鉅鹿功成一戰奇。轉恨匆匆薦賢意，未央灑血至今疑。

戊寅除日漫興六首

徹盡冰霜寒欲結，閱殘歲月忽如馳。從新檢點終年事，依舊疏慵百不宜。賣賦難醫長鄉病，讀書空負老泉期。分明颿彩衝霄易，未免朝烏尚一枝。

二十七年尤草草，流光分付赴輕煙。詩懷漫散韻岐出，雪味清寒茶自煎。恥向胡奴還乞米，爭教夷甫不言錢。邇來頗覺貧為累，欲學剡溪謀稻田。

潦倒十年除日同，蓬蹤何地定西東。菜羹沸鼎旋旋綠，煤火燒爐焖焖紅。誤認詩書干海內，應慚鹽米答閨中。早孤舊乏謀生計，獨向寒燈賦送窮。

今冬雪少未深寒，臥擁青衾不忌單。何用一錢為歲守，卻求片肉待朝餐。
逢人乞食陶彭澤，隨地吟詩陸務觀。願得明春春雨潤，蹲鴟糁足薦辛盤。

處處春桃畫繡符，家家夜宴買屠蘇。簞瓢居愧顏之樂，徑竇守同柴也愚。
鄰女索錢牽母泣，村公辭歲倩兒扶。眼中不盡新年象，聊可傾樽擁地爐。

花面鴉頭長及肩，持將布襖典千錢。窮愁不著絕交論，放達應書齊物篇。
竹爆通宵當戶震，梅花隔歲倚春妍。徐郎有語空能說，笑立文君明鏡前。

自題詩卷後

氣粗語大空如許，數卷排成亦等閒。似海文章吾不及，詩名寧獨愧香山。
天姿婀娜三春柳，學問嬋媛數卷書。為問張華與張緒，風流博雅我何如。
逸氣還如孟六無，岳陽題句竟何須。珠林苦欲求同調，一曲黃陵鄭鷓鴣。
〔註6〕
廿年萬事模棱了，獨有吟懷苦未閒。莫向張韓說新句，已拚狂語不須刪。
彈絲吹竹音希古，樂府新詞聽有餘。潦倒終慚盲目輩，不堪學上淅東書。

次子僧珍生詩以自賀

顧家熊夢又呈祥，書喜何妨寫弄獐。宴客兼陳湯餅味，洗兒合取雪花香。
承先累業金貂遠，錫汝嘉名玉燕強。塗抹詩書他日事，不嫌嬌慣泥〔註7〕爺
娘。〔註8〕

榴花戲詠

分明阿措倚新妝，隔院封姨取次忙。輕薄多應護陶姊，扶持端不借崔郎。
朱旛影外花成樹，玉甃筵前月半床。咫尺疏圍空似錦，絢生銀海縷霞光。

哭岳祖于厚庵先生

君不見劍在獄，互長虹，既出於匣化為龍。星在漢，熒月魄，既隕於地復
為石。罡風蹴浪湖波翻，愁雲黯淡桃花村。恨來擬作景差賦，還過于公駟馬門。
憶予射中雀屏日，吾翁相視如諸孫。緗編芸火開琴樽，坐令抵掌恣評論。四壁
燈殘童睡昏，果餌往往進晚飧。吾翁愛才出懷抱，珠囊搖佩甘傾倒。可憐一曲

〔註6〕鄭谷自題詩卷云：「岳陽樓上敢題詩。」
〔註7〕去聲。
〔註8〕僧珍名如說，故用燕公事。

高軒歌，謬許小子名譽早。松蔭青青蘿蔦滋，人生意氣何足道。翁昔重義輕黃金，四海貧交持贈心。兼能推粟篤友於，萬斛散盡初如無。老更擁書歸敝廬，銀條煙色看模糊。如何龍蛇起，霓旌回天都。嗟哉溘朝露，電烟不斯須。山青月白誰憑弔，獨我當之清淚枯。嗚呼！斷壑陰森，危泉哽咽。至人不死，精光何滅。一夜枝頭啼子規，柳絮飛來慘成血。

西安木落殘雲飛，西安人去今堪悲。青春白日不我與，如箭光陰忽復馳。側聞先生生平事，讀書萬卷不稱意。一經教子終成名，承明謁帝邀天賜。達人昌後理非誣，先生雖沒有榮施。君不見蒼松根盤琥珀光，葉秘枝稠松子香。又不見□老含胎胎成珠，照車五乘火不如。一堆金粟能消魂，北邙風雨愁黃昏。何人更為炙雞弔，千里還應來墓門。

長相思，時溪頭，春波如藍日夜流。朱弦冷落湘靈瑟，蘭楫凋殘漁父舟。當年于公神仙侶，帝下徵符來玉女。已悲路遠不可致，況復雲山修且阻。緣絲欲織雙文駕，持之知贈阿誰邊。先生一逝如流水，煙波渺渺何時還。長相思，空纏綿。

繁稅駕於扶桑，遍九州以逍遙。朝玉皇兮上蒼，曰修文之相招。或馳鶴馭，或駕霓輧。俯視崑崙宮，見金城玉闕之迢迢。仙風何窈渺，列宴奏雲璈。天上雖云樂，世緣懷應勞。眼前玉樹五株秀，況有孫枝幹青霄。悠悠此恨無終極，狂飆欲回東海潮。何時青鳥翼，尺書達天曹。為公翻作迓神曲，仰視日月飛光速。

黃髮丹顏世外姿，人間輕得□佺期。無端箕尾乘雲日，正是琳宮授籙時。玉塵風流文物盡，桓臺耆舊雪霜摧。他年華表飛來鶴，城郭傷心有所思。

海棠二首

捲起水晶簾，海棠燦成樹。誰憐滿院春，不斷遊蜂聚。連夜東風急，花應不耐寒。採之欲盈把，插向□瓶看。

偕沈大越松王二耘遊庵子溝訪蘇雲驤

庵子溝邊路，冷冷足響泉。休文能愛客，蘇晉慣逃禪。斫地王郎少，濡毫張旭顛。相逢秋色裏，一醉菊花天。

劉司訓乞終養

一官脫屣卻綸扉，幾載傳經竟擬歸。恬退寧貪司業酒，承歡預辦老萊衣。青氈白首心原淡，紫誥丹書願不違。指日萱堂春正茂，瑤觴喜捧侍庭闈。

縹緲書天雁陣初，獨從祖帳賦歸歟。春風桃李諸生席，秋色雲山驛路車。師道於今留此席，孝行久矣著辭書。即看苜蓿肥文苑，蕭瑟鱣堂冷舊居。

感事

多病空思學道忙，液池氣海費商量。結成玉蕊冰凝水，煉出金光花有香。藥物徐將除內熱，調和急欲定心荒。何時悟徹空中色，與爾飯依無葉堂。

真擬冥□汗漫期，定波不許幻風吹。平將夢覺中分斷，一任升沉到處迷。夙蒂陳根劖略後，來因去果了空時。也疑慧劍鋒芒減，聊可隨緣號靜持。

畸人有夢入仙山，異境天開縹緲間。一帶彩雲相映合，千層琪草細連環。水晶平立古碑迴，金色輝聯奇字閒。我亦空經瑤閣際，天風拂袖正忘還。

寄祝王少宰約軒壽

大衍逢初度，風流別駕賢。才華三晉少，淹雅百城專。逸少書稱聖，右丞詩入禪。仁聲沛花縣，壽意亞椿年。酒是麻姑進，桃應金母傳。蓮湖開絳幄，梅雨廠華莚。樂湊雲璈沸，籌添海屋綿。兒觴欣拜祝，遙上九如篇。

聞曾秋堂移居賦此卻寄

故人近何似，囂塵亦掩關。移家住西郭，結屋對南山。讀禮心原苦，吟詩意自閒。何當數晨夕，細話白雲間。

誌感

愁向青林問舊蹤，且看玉兔跨長風。萬峰記著重遊處，花滿天地日正中。

風嫗

風嫗人所憎，丐食空瓦罐。問年七十餘，筋力頗衰散。夆動既乖張，言辭尤瞀亂。鬼棘刺滿頭，鶉衣纏兩腕。向余求一字，託處寄昏旦。徒以哀無依，詎日能炊爨。悠悠世上人，憐之慎勿玩。

定新窩初集

寒食前三日館中對雨呈孟聖文

東風特地催寒食，送雨廉纖灑細塵。縟綠繁紅管不住，滿城桃柳已爭春。尋常女伴競妖都，畫板彩絲纖手扶。還恐今年春戲歇，清明濕雨漫平蕪。即看一百五日到，應節幾翻風信來。我正攤書坐官署，丁香花下雨中杯。坐來風雨轉空蒙，近郭青山罨畫中。明日踏春山上路，學君射雉挽強弓。

感遇

歷險不避艱，際否自生泰。吾愛餐英人，乃在塵磕外。委運安推移，希聲鳴天籟。

午飯不喜餐，當幾撫柔翰。筆札空磊落，心期遊汗漫。坐覺天地窄，出門登隴畔。煙色慘復昏，游絲因風亂。邈矣無住著，悲哉起長歎。

啾啾園中鳥，將雛期歡聚。鷹鸇爾何為，摧殘亦已屢。豈不眷故林，常懷墜卵懼。綢繆定新巢，聊復撫毛羽。啄石飲涸泉，憔悴良所足。勞勞無可言，人生時難遇。

蜜甘隱毒□，菱實藏深刺。物美難可兼，安得絕娟伎。丈夫貴自主，鄙哉屈床第。告叔射殺牛，無乃類多事。人情固有然，今昔同一視。

微風來天末，閒庭和晴咮。突爾成飄揚，震撼欹梁棟。轉側不成眠，疑有群妖鬨。浮生如醢雞，一一舞深甕。延佇望高崗，和鳴效鸞鳳。憑襟當石沙，念此懷餘慟。

雲中碧驢客，云是任公子。出世不學仙，亦復徒為爾。相期素心人，傲蕩凌煙市。勿自耽苦吟，乃至抱才死。

佛徒言太誇，天地如粟黍。橘中兩仙人，對弈相爾汝。有角寧為牛，無牙亦非鼠。和光混俗塵，衲衣尋僧侶。不然披羊裘，垂釣恣容與。仰視春月白，桂影鳴宵杵。

咄哉挾蠡測，妥足量滄海。浮光不少留，暑寒屢遷改。百年尋常過，烔爍幻霞彩。眾侮晦所集，處下易為皋。耿耿奮孤直，縱折何所悔。

天地本好生，蠕蠕動靈蠢。安樂誰與群，厄窮殊自憫。無食饑亦甘，紾兄安可忍。萬物負陰陽，枯榮類朝菌。逐雀眾所畏，寒林閒飛隼。

定新窩漫興拈得八齊

定新樂事喜初齊，草草茅堂聊復棲。窗暗多因花影重，簾幽半覺鳥音低。持棋細較連環劫，灌竹閒疏曲折畦。莫怪寒家風味減，朝來絃管沸牆西。

白紙糊牆粉色齊，行行筆墨試新題。室如泥壘巢梁燕，人似醢瓶舞甕雞。短袖正堪除瓦礫，長鑱合用斫蒿藜。蓬蹤到此稱難得，回首窩中境已迷。

斬新春事足招提，往事空成怨蒺藜。兒未知窮校書子，婦非犯戒太常妻。燕雛待哺飛還定，鶯侶遷枝住更啼。試向城頭聊北望，故園十里白楊堤。

菜食不嫌鹽作虀，閒庭根觸費端倪。三分煙月平分滿，十丈天花方丈迷。已遣曉霞飄紫綬，試將春杏擬丹梯。少年意氣今猶是，羞學耕牛服短犁。

盆中刺松和孟聖文

屈盤竟尺亦崢嶸，蒼翠光含琥珀精。有刺寧傷君子質，無封不受大夫名。開軒坐見波濤湧，入夜時聞風雨鳴。寄語世人休俯視，即看夭矯化龍成。

漫向人間覓賞音，依然勁節歲寒心。經霜溜雨尋常濕，錯節盤根閱歷深。踏徧名園別無樹，移來官閣自成陰。終知不是盆中物，咫尺丹霄護上林。

自述

童年玉鏡約紅絲，〔註1〕畫閣還傳戍婦詞。若問書生遭際事，蕙叢身後繼柔之。

〔註1〕余初娶仇氏，家姑女也，故用溫太真事。

挽于翁　十首存四

當時杯酒論文地，早已人傳成婦篇。山水知音悲更遠，只應琴斷伯牙弦。
〔註2〕

憐才不復計門楣，我愧東床翁不疑。尚是裴家嬌女在，竟教容易嫁微之。

嶔崎歷落窮兼病，孝友何曾易死生。他日藝林傳獨行，敢辭直筆紀翁名。

悲風飄絮回成雪，恨淚團冰結是鹽。鐵嶺迢迢時水黯，青山綠水夢魂兼。

春事

今年春事渺難尋，鶯囀芳叢燕去林。宛轉已成花底滑，淒涼誰信雨中深。

閱舊稿有感

題詩狼藉愧虛名，眼底重看麥浪生。詞客浪驚採桑曲，阿儂遂譜打魚行。

過松圃叔園　十首存一

繞砌亂苔侵雨濕，隔牆疏竹受風斜。靜依石幾無言說，看偏山丹米殼花。

過秋堂話舊　四首存三

重論往事迴愁予，執手誰能慰索居。遠自衡雲歸旅襯，近從嶺雁問遺書。十年存沒驚初定，兩地迍遭恨有餘。此後止應相努力，薪傳衣缽看何如。

耽吟思漾濼溪波，掩冉香風拂露荷。半卷詩懷秋慘淡，一簾花氣夜婆娑。
〔註3〕常窮自笑調齊瑟，永感同教廢蓼莪。謾向同人說遭際，愧他年少正鳴珂。

嶺南風物繫相思，飛雁曾無寄字時。花萼君應傷弟妹，〔註4〕琴弦我尚哭妻兒。〔註5〕新詞紀恨空經眼，濁酒澆愁未滿巵。竟日淹留如夢寐，憫然相對總成癡。

鐵蘭為曾秋堂詠　託興高遠

誰從爐冶幻精神，幽谷奇葩太逼真。肯以繁香爭俗豔，不將柔態媚時人。枝臨畫燭花光燦，影入銀屏墨蹟新。為問尋常芳草質，可能獨佔百年春。

火裏金蓮許並開，仙家妙術費栽培。未滋雨露花長茂，歷盡風霜質不灰。

〔註2〕余成婦詩為翁□□賞，以次女歸余。
〔註3〕「滿院秋風連夜雨，一池荷葉半囊詩」，秋堂句也。
〔註4〕秋堂令弟苟若卒於太原。賢妹孝女，殉母難，火於柳州官署。
〔註5〕丁丑，余有喪妻殤子之戚。

琪草若逢羞旖旎，石芝共採惜塵埃。何時移入瑤臺曲，領略寒簧唱落梅。

　　支擘何從問有無，圓空小繪鐵蘭圖。乍開火地玲瓏現，焂爍金天瀲灩俱。色相故應忘手指，形神早已幻毗盧。總教錯擬曼陀室，自摘曇花笑倚扶。

　　未必無人肯獨芳，早將幽谷異明堂。有形堪鑄君子德，絕臭不聞王者香。書幌窺時猶灼灼，硯池映處自洋洋。憑君莫問倚蘭曲，碪斷琴弦正可傷。

贈張遐齡九錫　十二首存八

　　聲價雞林故不群，一時才調首輪君。相逢舊在源泉寺，山頂吟詩貫綠雲。斷砌散苔思不禁，依然臼杵搗纖林。閒庭坐久空蕭瑟，五字終慚石上吟。〔註6〕

　　文章時譽競誰工，浪跡浮萍愧許同。不是樽前愛耽酒，泥人梅雨近天中。十畝田田荷葉圓，滿湖水漲泊漁船。相看心事原空闊，擬掛輕帆凌海煙。北窗高枕舊南華，〔註7〕如此風懷亦復嘉。便可同為灌花使，垂楊深處話桑麻。

　　壘塊空慚澆去難，朱門無地可彈冠。不嫌方丈勤來往，香飯天花一例看。出水春蒲鵝鴨湖，湖邊泥滑酒頻沽。旁人不解狂奴態，錯認高陽舊酒徒。何處人能識二張，關心酒病與詩狂。平生遊興慚難遂，白水青山意渺茫。

河東客邸懷松圃叔時方讀劉訒庵詩即用其韻

　　荒齋煙徑渺無鄰，長夏相懷意轉親。抵掌風神容我放，科頭義氣許誰真。除將焚草難求達，賣到殘書始厭貧。十載憐人癡叔在，羞從世外問平津。

　　南阮居鄰北阮家，青山共住小年華。幾竿拂砌新栽竹，五畝當軒正藝花。兒女債深慚杜牧，桑麻計拙笑秦嘉。何時卻坐長松下，指點西林幾片霞。

　　樹隱蟬聲咽翠嵐，雷喧蛙鼓鬧澄潭。人同半榻徐孺子，才異一官殷仲堪。煙月文章笑江左，桂叢風調思淮南。他年共訪孫登去，長嘯蘇門結草庵。

　　且有五陵同學在，輸與時輩氣軒騰。累盡十年除婢僕，饑留一飯謀斗升。憎寒我愧燒春炭，附熱人羞語夏冰。寄語書生辛苦事，蕭然活計問青燈。

束桂生索贈應命

　　市隱如公亦大奇，活人宿世有仙姿。怪來不受王公賜，逢著書生但索詩。

〔註6〕遐令有句云：「山中古仙人，石上弄白杵。」
〔註7〕「剛是春園新灌足，北窗高枕舊南華」，遐齡詩也。

遊戲通靈識歲星，曾將逸響託鐘莚。他年會過長安市，應有錢驢納聖瓶。

寄安肅青　六首存一

綺閣偏宜水竹鄰，尺書隔歲寄來真。梨園八部翻新曲，羨爾白雲窩內人。

丙戌五月訥齋重訂
定新窩集終

定新窩二集

淄川張廷敘惇夫著

採蓮曲

芙蕖豔足初覆水，畫船剌促行數里。錦鱗掉尾碎輕綺，鴛鴦睡暖驚不起。美人如花交徙倚，紅衫白腕香風裏。不摘蓮花袖□指，欲使郎行見蓮子。

擬錦秋湖採蓮六首

去年蓮葉見還稀，今年蓮子肉偏肥。輕舟不縮隨溪轉，時有鶄鶄水上飛。
愛是鄰家小女兒，嬌癡獨自理荷絲。並頭蓮子房應滿，擲向人前知不知。
綠雲似幕薄於煙，日午乘涼正好眠。不管回塘與方渚，一時齊住採蓮船。
懊惱經年飼鴨鵝，浴雛厭見曲湖波。只今蓮子親嘗徧，那及奴心苦處多。
不著羅衣不繫裙，短衫繡褲倚紅雲。誰家少婦閒情致，自折花枝劃水紋。
荷花爛熳昔曾遊，冉冉香風水上頭。我唱採蓮人不見，櫓聲飛入白蘋洲。

悔

秘閣疏幃悔更多，個人不語奈情何。挑殘蠟燭紅為淚，點盡春山翠是蛾。見說仙翁留玉枕，傳聞天女隱珠螺。分明鏡破堪重憶，腸斷新官一曲歌。

商婦辭

九曲河連江水平，郎舟一葉暮帆輕。不愁明月匆匆去，莫向風波險處行。
大賈船兼小賈船，賽神撾鼓擲金錢。太湖八月煙波闊，日暮郎行何處邊。

讀閨秀映然子吟紅集

誰堪才命兩難兼，鏡典膏分病欲懨。一洗從前巾幗陋，吟紅不屑倚香奩。

夜雨朝書所見

昨夜疾雷挾飛雨，今朝麗景喜新添。蝸拖銀線寒經壁，蛛絡冰絲濕覆簷。眼底蜣丸隨物化，耳中蛙鼓受人嫌。閒階更有小爭鬧，封垤參差蟻陣嚴。

內子曬書贈四百三十字

內人性耽書，經營積百軸。常恐敗蠹魚，秋陽應時暴。對君忽成慚，兀坐娜嬛屋。信手檢一編，風簷聊復讀。未能惜寸陰，何須螢數斛。險字缺略多，搜剔費瑟縮。俗學紛如狂，鄙哉臧與谷。摹礱兼雕畫，苟且期干祿。文字競喧豗，議論恣反覆。譬彼鶉衣兒，謬擬紈褲服。周折汗涔淫，蹩躠跳猴泏。又如市獪徒，燕石炫球琭。悲夫宣尼藏，待賈嗤韞匵。遂令驪珠沉，新進呈魚目。或以富泉刀，生活媲阿六。或以侈鼎鐘，中書伴食肉。誰念同門友，泉涸憂處陸。孤芳結春蘭，落英攬秋菊。嗟予弄文翰，十年羞奔逐。詎曰能巧遲，反以失拙速。椎魯適性情，上策恥銜鬻。寧為中散窮，肯學步兵哭。陋巷渺華軒，荒廬儗遙谷。即此絕塵囂，因之習淵穆。願言事探討，三萬窮簡竹。所以擴見聞，豈緣預干牘。天命任推遷，廁茵難可卜。故冊糟粕餘，精意率潛伏。端賴取神明，結念切私淑。不然博記醜，智可蠱魚熟。嚼蟹辨彭螖，殊勝飽野蔌。此意復大佳，高情薄霞穀。長吟天地寬，冷然洗煩燠。況君詠絮人，清吟和幽獨。佐我芸窗中，禦冬謀旨蓄。教子認之無，頭角亦矗矗。范母義兼師，堂堂望魁宿。余亦為梳翎，不令困刻鵠。慎勿學乃翁，章句鄙笘籭。歲月忽蹉跎，飛光逼轉轂。念茲寂無言，空庭蔭喬木。未及郝□兒，日下曬空腹。漫賦贈山妻，不辭霜毫禿。

林西園前輩及王十臨溪、雋二申甫邀余過訪夢齋、康候兩同譜旅邸，置酒論詩，率而有詠

林公頓宕人，抱膝吟懷苦。遺卻世間榮，相逢稱爾汝。敢冀忘年交，所期在千古。攜來東陵瓜，空庭洗煩暑。

王郎不受羈，愛作爛熳遊。白眼對時人，鶉衣輕王侯。時或被酒狂，散發學楚囚。坐中三四輩，一一欽風流。向人起謾語，自謂渺滄洲。吁嗟無可陳，空聽蟲啾啾。

　　雋子本俊逸，家聲桓臺遠。一笑定心期，相知殊恨晚。緊余飲醇醪，受德故不淺。新月轉階遲，樹影餘霞斂。

　　夢齋能入世，不為蠅逐心。白雲留杖履，青山對謳吟。昔年舊追遊，瀟灑歷春秋。唯應守故吾，捷步任諸君。悠然霜露下，書聲空四鄰。

　　康侯正英少，轗軻薄權奇。凡事任天真，反被狂愚嗤。寧識南溟翼，終當奮天池。顧余廢學久，對君還自疑。敢回玉墀步，不敢望之而。

贈胡孟希

　　胡公古太拙，落落不世情。衣冠存樸質，語言少逢迎。酌君一杯酒，荷香散滿城。不如且沉醉，浮世方營營。

懷家濟川先生及沈二惠東

　　齷齪諸年少，悵悒非吾徒。獨有素心人，隔年傾玉壺。龍村吾所畏，惠東亦可娛。對月發長嘯，夏雲自卷舒。明朝更貰酒，爛醉公遊乎。

　　韓子惕網，余同硯友也。負大才，落拓不偶，自放於平康狹邪中。余近遇之於酒肆，韓子侈述其風流豪宕之致，意若自矜者。余謂之曰：「十年青樓，回首羞稱薄倖；一擲紅粉，驚心懶話溫柔。自昔英雄困者不少，子奈何甘為此中生活耶？」因唏噓久之。韓子亦感悟，乃賦長句以贈之，韓子勉乎哉。余言雖鄙，未必不勝春風一曲也。

　　紫袖銀鍾醉未醒，萬金散盡此身輕。總教風渚能迷月，終見煙花欲墜星。舊夢三生悲狼藉，新歌一曲憶淒清。只應熙載知回首，廢絕香幃夜夜情。

秋柳

　　長條經雨復經煙，憔悴拖黃意黯然。憶著春風曾繫馬，青蔥葉底玉連錢。
　　依然青瑣縚黃羅，怨入秋風意若何。莫唱宮牆流水引，上陽花事已無多。
　　定新宅裏柿陰寒，羌笛聲停入破難。從此懷人關塞遠，秋來愁折舊枝看。
　　張緒風流舊擅場，靈和殿裏拂宮牆。可憐慘淡秋山外，別有傷心韋夕陽。
　　板橋橋外客維舟，竟日題詩罨畫樓。寂寞年來秋水上，何人明月弔阿周。

孟聖文邀食葡萄

　　長顆盈盈綠穗分，津津餘液泌牙齦。從教飽啖盤中盡，一囓何須貽細君。
　　湛露清風拂曉寒，香醪酪乳勸加餐。只愁異味渾難辨，檢得仙書仔細看。

賀聖文先生得女之喜

星映針樓纔問巧，〔註1〕蘭輝戟署又生薰。鸞書降自九天月，繡褓裁為雙疊文。詠絮定知高白雪，浣花已見近紅雲。虺蛇葉夢流餘慶，百福長宜彤管分。

贈遠曲

憶向青門問舊遊，垂垂柳色斬新秋。重來寂寞陵東道，樸面黃塵滿驛樓。

王摩詰

檀槽象板按歌塵，豈獨輪袍一曲新。記得寧王宮裏事，殷勤更賦息夫人。

題畫

蔟蔟山雞鳳樣妍，雙雙飲啄亦堪憐。如何一種丹峰鳥，只在黃花白石邊。
珍鳥翩翩翠羽儀，怪來飛出山林時。勝他妃子白鸚鵡，猶得風前餐荔枝。

雨後南城晚眺

連溪止水如鋪鏡，繞郭群山似列眉。雨外殘陽耿斜照，濕雲不斂彩虹垂。

定新窩二集終

〔註1〕時過七夕數日。

堅至軒稿

淄川張廷敘訥齋稿

怪風行

黃雲挾雨起空碧，白日銜山迷咫尺。屏緊震怒河水翻，平地疑有蛟龍宅。大樹拔根傾欹斜，老屋崩頹壓飛石。勢撼天維山欲低，聲馳海陬城半礔。電光如縷走阿香，飛泉一瀉注劃帛。陰森神鬼逼人來，山精水怪不可格。抱兒屏息臥方床，掩耳閉目心為□。騷騷屑屑群動時，餘威當之驚辟易。須臾雨散濃雲收，玉輪如水照綺席。夢去猶聞風伯鳴，蛇蠍滿側愁毒螫。

重陽謝人惠酒

聞道黃花秋可憐，重陽風景轉蕭然。已拚泥飲東籬下，不用淵明二萬錢。

連日

連日秋風不可持，蕭蕭落葉下疏籬。尚堪耐凍憐山婦，已任啼饑愧小兒。繞屋嵐光寒崒嵂，滿園花氣淡紛披。如何不及南鄰客，絺綌空衣九月時。

追和西林叔九日登千松嶺詩即依原韻

半嶺長松足野煙，尚書林外雁書天。〔註1〕懸峰倒影晴川下，坐客夕陽雲樹前。暫倚秋風應落帽，試尋山菊為開筵。由來此地堪懷古，何用登臨始惘然。

依韻和王二耘秋山晚興四首

東南煙火地，羨爾對清秋。獵火沿村亂，漁煙近壑幽。牛羊臥圈熟，橡栗

〔註1〕山半拗明，新城王大司馬墓松即其林樹雲。

到山稠。何時輞川客，始為南垞留。

亦識柴門外，前峰起斷林。一行青嶂合，半嶺白雲深。嘯起風生谷，坐來花拂襟。山中無伴侶，野老怪登臨。

行蹤難可定，是處任欹斜。碎語雜山鳥，秋山收石花。橋當泥佛寺，水抱野人家。他日叩關去，狂懷應倍賒。

吟到田家好，秋深力晚耕。農鞭虛谷應，犁火野星明。已覺心無競，安知頌有聲。尚憐高寄者，蟲語歷寒更。

杪秋過訪王子混沌歸途口占即用留別

十里東南麓，行行郭外回。路隨曲河轉，入自亂山來。風醉黃花面，霜鎔紅葉胎。重來莫相負，珍重取新醅。

琵琶

不見裴洛兒，空撫秦漢子。〔註2〕怨絕羽霓裳，鼓罷玉環死。

鶯

調簧弄舌絮殘鶯，乍轉還低韻不成。榆莢欺人紛綠毯，桃花怯雨暗紅英。晚春到眼飄零地，連日驚心睍睆情。亟欲垂簾坐幽閣，禁他窗外一聲聲。

得女自喜

中年不喜鬧，有兒轉自憐。跳擲未肯馴，買物苦索錢。巽徵協蛇夢，生女殊連娟。三日啼常少，一月恒多眠。或者解柔順，性比乃兄賢。待汝兩長成，更和五嶽篇。

閒居偶題

半畝荒園僻，數椽茅屋新。牆傾欹宿雨，關掩避時人。鋤足苗皆秀，灌疏菜未勻。終朝學稼圃，自笑太優貧。

剪秋蘿

綠綺朱羅相間明，窗前新喜剪裁輕。此花正好妝秋色，不學柔絲嫋娜情。
〔註3〕

〔註2〕秦漢子，見《文獻通考》。
〔註3〕謂女蘿。

玉簪花

連朝作惡煩心曲，那有詩情詠物華。貪愛下簾避秋氣，不知開到玉簪花。

清香沁玉散參差，深素淺嬌空自持。窗透朝暾梳戴緩，綠雲斜墮兩三枝。

解事金錢空自落，斷腸秋菊〔註4〕枉同開。世間潔白無人賞，莫遣香魂入座來。

攜僧珍兒遊城頭

黑白醜花開滿城，晚來城上看山行。棘叢酸棗垂朱顆，雙袖歸來摘已盈。

勸郎曲

勸郎莫裁藕，藕老固多絲。纏綿妾心中，郎遠那得知。

勸郎莫裁桑，桑葉易隂黃。問他養蠶者，作繭為誰忙。

題孫雨山堂前美人蕉

綠天仙子共精神，姿色嬌如虞美人。仿髴駊娑花事盡，一枝愁絕漢宮春。

蔡女仙

刺成丹鳳即乘雲，彩翼光添五色紋。不用神針驚暗索，風流絕勝薛靈芸。

弱線五紋思渺然，鳳林山畔結纏綿。若教點眼無師授，空作人間刺繡仙。

蓬球

異香繚繞徑深幽，親見元暉獨上樓。一煞彈棋成隔世，休將仙跡問蓬球。

柯爛棋終事有無，仙人往往弄凡夫。可憐一飯須臾事，留得人間舐露圖。

玉女天台兩渺茫，遊仙詩句笑曹唐。他年若補神仙傳，得伴蓬君勝阮郎。

紫雲觀女道士

何必輕身思避谷，飛來飛去竟如何。丁令威歸君見否，當年城郭恨偏多。

雁門避秦婦人

草葉草根春復春，洞中有女避強秦。怪他法朗談經後，無復閒人一問津。

歸舟漁父失桃源，乞食頭陀念雁門。溪上仙桃應結子，洞中食草幾生根。

〔註 4〕謂秋海棠。

扇頭梅花戲為高功庵同學題

扶疏幾朵媚含潤，夭冶一枝嬌更斜。今日把來春扇影，幾回錯認絳桃花。

栽竹

暇日看山短籬下，殷勤植竹散庭陰。對人尚恐成虛節，入世難忘卷籜心。便擬階前收鳳食，已堪窗下聽龍吟。記他出震明年事，咫尺春雷化雨深。

乞竹唐太史故宅因呈主人

石砌花溪短草遮，幾竿瘦竹背風斜。細尋志壑堂前事，花放連翹撲鳳車。〔註5〕

西郭煙消借鴿樓，中庭鳥語倍啁啾。外人浪擬平泉看，草木渾應不易求。〔註6〕

長坐槐陰倚綠苔，靜看蜂蟻鬧如雷。到門剝啄無他客，負俗書生乞竹來。

題王約軒少尹小照

別駕性耽書，〔註7〕愛坐嫏嬛屋。寫作松署春，紅綠散馥郁。抱中有佳兒，美人花映肉。

題黃毓秀山水障子

畫為無聲詩，此畫殊不同。坐來幽澗側，時聞林梢風。擊楫蕩中流，悠然仙境通。疑有煙霞輩，棹歌唱玲瓏。瀑布振山泉，匹練掛長空。宿懷泛宅慕，拿舟逐飛蓬。回頭謂黃子，汝畫何其工。

堅至軒稿終

〔註5〕志壑，太史齋名。階前花木半凋落，惟連翹一樹尚茂。
〔註6〕借鴿樓，太史別業。
〔註7〕少尹以州別駕借補邑丞。

燼餘詩

歷劫

無定光中認取難，依違覺性劍鋒寒。蓮開火地花含蕊，水降天池珠走盤。到此緣空香縷縷，若教色相月團團。徐熙尚有情根在，不與青林一例看。

雜詩

夢入遊仙忘消息，一輪皓月光天色。冥冥露氣太空寒，滿地金花收不得。
〔註1〕

鬼蹄魚筌真復真，都緣無術問旁人。夜來對個東山月，長嘯一聲天地春。
〔註2〕

笑倚白雲心鏡虛，萬峰有路未曾迷。近來不敢高聲說，恐有驚龍洞口隨。參橫歲月總任伊，就裏真詮舊最知。白圭有玷應須記，聽徹寒蟬雪化泥。

蘇道士羽化挽詩

翩然羽服六銖輕，真液丹還九轉成。豈是瑤池來秘詔，定知紫府注仙名。龍吟舊繞青潭月，鶴鷲新回白玉京。他日歸來城郭變，千年無客認蘇公。

讀徐文長先生陶學士烹茶圖戲詠卻呈王恒復

試問張顛誰喚伊，阿儂何似舊徐熙。三生花柳團團月，惟有烹茶學士知。

〔註 1〕饒□雲分之想。
〔註 2〕真實受用。

贈蒼龍峽道士

不須著意尋癡呆，且學人間拳碓仙。種得碧桃三兩樹，月光雲影正團圓。
峽裏蒼龍見未能，潭中有月正東升。十年古洞無人到，曳杖穿雲過幾層。

夢回口號

簾外窺春隱猶現，杖頭著景駐遠飛。夜深誤入華胥界，十里寒潭月一圍。

訪劉復礽不遇卻貽

泥此幽人宅，柴門寂不開。群山相絡繹，一水細潆洄。未便流連住，空尋
曲折來。行行踏芳草，回首白雲隈。

再柬覆礽

十畝間間地，曾經幾度過。屋連山上徑，樹隱井家河。〔註3〕斷竹深纏蔦，
懸堤淺被莎。夜來新月滿，清影定婆娑。

逸世劉公幹，千秋有後身。聲名鄴都舊，文體建安新。篘酒將應熟，花畦
尚欲勻。徒公尋軼事，不敢向時人。

午睡為客所攪

大夢誰先覺，公言亦太迷。一睡五百年，何如陳希夷。

對花

小坐眾花中，蕭蕭秋色同。蜂香迷宛轉，蝶影亂西東。短髮空含垢，殘衫
不禁風。隔簾聽講習，琢句擬秋蟲。

贈儒者為僧

新脫儒衣著衲衣，三生夢感悟全非。終知本性無常住，畢竟此身何處歸。
潭底窺天魚亦靜，山頭覓路鳥相依。聲聞色相離真覺，不向人前說此機。

園中梨花甚盛，取名香雪，內子記之以詩，和其原韻

冷豔開時繞竹軒，繁英如雪暗香屯。移家恰近田何裏，種樹誰先徐氏園。
〔註4〕葉底眠花輪弱蝶，枝頭覓果擬輕猿。只應入夢先春絮，夜氣溶溶護月輪。

〔註3〕井家河，復礽村名。
〔註4〕徐文長先生曾欲買別墅植梨，名之曰香雪園，後竟不果。見先生遺稿。

附原詩

一例儂家無夢軒，〔註5〕白雲飛盡遠山屯。徒知竹葉筠籠籜，幻結梨花香雪園。稚子尚能嬌乳燕，鴉頭不解飼殘猿。殷勤好語城頭月，著意蓬窗現一輪。

柬王煉師成德

學道由來誤後生，知君神授內丹經。鼎爐久煉非閑火，賓主相爭豈是兵。眼底三關無地覓，心中九轉自天成。羽衣鶴駕須臾事，咫尺丹霄變化輕。

再和金陵弔古詩

千年王氣黯然收，佳麗那堪問舊遊。遠郭透迤空淥水，連雲迢遞尚朱樓。低迷衰草埋宮井，蕭瑟垂楊覆御溝。虎踞龍蟠成底事，金陵回首帝王州。

花朝日夢醒適有客至戲成

一煞黑酣遊睡鄉，醒來合夢起匡床。任人入褌皆仁政，破虱書戲亦戰場。節到花朝憐黯黕，客來茅屋對蒼涼。都知失意為詩酒，啜茗清談計亦良。

贈陸生

胸中戈甲本難平，白面爭知眉宇橫。寄語當時冰鑒客，休將陸遜認書生。與爾同為七尺形，輸君豪氣走風霆。平原殺兔歸來晚，坐讀傳家耒耜經。

秋日遣興

瑟瑟金風氣漸凌，滿庭霜葉積成層。舊知生計輸饞虱，新覺行藏逼凍蠅。晚飯故應進粗糲，殘衫原不耐輕冰。年來滿欲逃塵累，指點雲山去未能。

題伏羲六十四卦圓圖

憑將奇偶破渾淪，太極中分爻象尊。至道真機由復姤，先天卦數首乾坤。要從順逆觀人物，須借陰陽探本根。萬法自然歸一氣，屯蒙水火連朝昏。

和內子詩

夢覺曾經話宿緣，黃粱枕裏度長年。相傳仙子居瑤島，不見真人試鐵船。駐足寧須立錐地，置身合在散花天。與君月底論心事，應怪張顛著意顛。

〔註5〕無夢，內子居名。

平生回首忽成顛，太息廁茵墮偶然。兒女泥人牽犢愛，乾坤容我跨驢眠。斷情未辦冰投火，悟道方知藕種蓮。我愧劉綱空有婦，不能相倚入雲煙。

附原詩

靜閣焚香斷俗緣，親參秘笈歷經年。要從濁霧開神鑒，會向洪濤駕慧船。悟到鞠通琴破柱，化成脈望字飛天。塵埃滾滾三千丈，獨我朗吟顛倒顛。

夢也非耶亦太顛，紅塵回首總茫然。也知玉兔牽懷思，不辦金蛇攪睡眠。劫盡池中堪浴日，功成火裏好開蓮。疊陽左髻空如許，一縷青絲欲化煙。

答王麗農見贈詩，即東難兄恒復，原題云贈張惇夫並家兄恒復，擬松陵體

已被塵緣誤，誰探玉笈文。愁中憐獨住，靜裏悵離群。揮塵珠成雨，焚香彩結雲。重來尋舊約，同拜大馮君。

世途異趨向，久矣薄靈文。張翰終何用，王喬未有群。聚花籠月桂，種藥劚山雲。倘許叩關去，真詮應問君。

附原詩　王佳賓

注罷參同後，真官降秘文。洞靈邀作伴，野鶴遣為群。紫府遺瓊佩，青藤冒白雲。平生飛動志，分付向東君。

子晉夙好道，經年購赤文。吹笙來鶴侶，斷尾遠雞群。石澗三芝草，銅盤一穗雲。他年登玉局，應念小茅君。

壬午三月訥齋檢存
甲申四月訥齋重訂
爐餘詩終

靜持新詩

雨中聞笛

羌笛聲清情更幽，簾纖細雨泥春愁。一聲入破驚殘夜，何處傷心倚畫樓。聽去宮商猶嫋嫋，坐來魂夢總悠悠。憑君莫奏關山怨，逢著征人盡白頭。

觀美人解戲

烟灼驚風溜脫圓，桃花馬上立翩翩。須臾弄出通神戲，疑是雲中飛舞仙。雙雙跨鐙捷如禽，姊妹彎環解數深。一騎飛塵成萬變，齊看童子拜觀音。

聽風嫗誦偈

色相全捐未是魔，沿街說偈類貧婆。竟無人我留般若，纔到空明忘蜜多。香缽飯中真落落，蕊珠經里正娑娑。相逢漫有慈航願，濁世浮沉奈爾何。

過劉相國墓

丞相高墳俯大荒，夕陽松柏迴蒼蒼。神迷衰草鬼燐外，淚隨殘碑官路旁。有限功名春夢短，無情歲月夜臺長。逢人莫話升沉事，故國山川正可傷。

尼智珠

空門一入謝紛拏，便守蒲團靜歲華。慧性漸從忙處見，禪心早向定時加。親參般若經中咒，不摘曼陀樹上花。借問寶珠能煥彩，白雲深護紫袈裟。

石竹花

仿髴裙邊繡出時，蝶衣細碎染胭脂。粉須涵蕊貞娘態，朱頰侵香小玉姿。石國風流憐措措，竹郎才思惜枝枝。膽瓶披拂縈書悅，珍重誰為捉媚辭。

點綴村容錦巨羅，星星紅綠燦雲塢。空傳豔楊媵王畫，未解嬌涵嬴女歌。石沁微嵐開瑣細，蘚凝淺黛倚婆娑。遊人隔是添惆悵，棘刺藤梢積漸多。

雜感

晨曦忽西馳，涼風飄霜木。眷彼歸林鳥，拂羽橫煙霧。啾啾眾哀鳴，蕭蕭悲岐遇。千里會高翔，弋人空延佇。

空階飛繁霜，銀漢茫迢遙。蜻蚓隱戶間，淒切吟寒宵。入室對短燈，飛蛾何飄飄。可憐嚮明心，轉成自煎熬。

中夜多繁憂，攬衣獨徘徊。步起立前楹，涼飆入我懷。仰視星斗昏，霧氣慘不開。悠悠無亭運，寒暑忽往來。思彼古人心，慷慨諒生悲。立世俗易迕，安能免摧頹。聊且長吟嘯，永言寄餘哀。

門節婦歌

天地正氣鬱不死，鍾靈又見奇女子。生來豈識內則儀，於歸乃克筐筥事。五夜機聲鳴啞啞，三春蠶職勞委委。所天忽折稚子愚，家無石儲身無襦。白練難畢從夫志，青霜聊為扶兒謀。蘼蕪煙中猿夜嘯，棘叢原上雉朝呼。蕭牆變起阿叔惡，田廬占盡猶嫌薄。驀地濫收強暴金，一時車馬擁翠幕。嗚嗚地窖呼不聞，紛紛蜴集勢如焚。趙氏孤兒猶在側，徒死安能報夫君。寧辭銀瓶墜修綆，卻全玉腕截烏雲。慷慨大義語群梟，此頭可斷志不撓。凜凜持節擬蘇武，穹廬咽雪霜風號。狂徒相顧皆失色，瞥然星叢如兔逃。節母以此免外患，立孤孤立義無間。嫡婺竟爾光沉沉，姱節湮埋草蒨蒨。天恩尚隔九重章，百年遺恨神茫茫。願將琬琰垂彤史，乾坤昭著日月光。他日采風尋軼事，記取歌詩人姓張。

贈陳挹齋泂

相逢世外陳無己，愛客開樽禮數寬。尚有青山窺几榻，不妨白眼傲衣冠。鶯捎飛燕穿花架，蝶趁游蜂繞藥欄。坐久漸教幽興熟，為君一醉月光寒。

驪山弔古

鸚鵡隴山怨未回，上皇遺事不勝哀。行人莫問新翻麴，腸斷一聲阿濫堆。

釋覺然

一衲蕭然即靜因，慧光何處問天人。普提久住諸空相，般若初涵萬法真。疏落行藏從浪漫，孤高心性自嶙峋。也知渾俗和光好，眼底全消六六塵。

同王謂夏過訪王修五先生

猗籲哉，我於蓼村先生分不淺，十年神交情輾轉。朅來踏雪正逢君，海岸山房破煙篆。閒排春宴羅諸昆，大嚼不嫌翻清樽。錯諤謾語恣狂論，起坐向余索詩句。敢辭弄斧遊班門，君之小阮吾畏友。亦許張顛三杯酒，每教淋漓眼生花，何須晷刻肘出柳。鐵山雲，時溪波。軟風蕩盡煙婆婆，一時大隱皆軼士。辯才無礙乃維摩，結屋輞川跡自散。待客南垞神為那，余懷射飛平原去。爽鳩古地芳草坡，會欲從之挽八石，凌雲志氣寧消磨。發我醉中言，寫公世外旨。悠悠名利浮泡耳，笑煞齷齪塵埃子。黃金白墮誰為重，傾倒還聽天籟起。詩狂瑣瑣總謷騰，便可同尋碧驢翁。天風吹送到東海，數聲長嘯回青空。始知富貴不必慕，蓬萊宮闕郁玲瓏。如弦新月倘能見，下瞰濁世真濛濛。千言萬語非公意，卻令霜毫禿如童。

又贈王蓼村瑛

蕉雨梅風意調殊，品題常費靜工夫。春山屋底堆螺髻，埜水階前浸木奴。畫到有聲皆淡宕，禪通無相總模糊。惟應添個維摩伴，十丈天花認故吾。

題蓼村小相

別是維摩幻出身，無端變相許誰真。疏狂題石南宮癖，犖确擘箋北海神。未必三生憐故我，更於四壁著何人。傳聞天上書仙吏，已謫塵寰五十春。

蒲團藥裹冷幽探，覺智迴如窺月曇。已許優婆新獨住，端知彌勒舊同龕。祇園香送渾無相，般若經持尚有函。一笑頭陀真面目，可教逢我更和南。

戲贈蓼村

春水嬌涵洛浦光，小窗閒搨十三行。右軍家法推佛大，甄女逸情通思王。蘿杖看雲跡落落，銀鐺煮茗神洋洋。那能把塵忿揮霍，如此張顛亦太狂。

甲申燈節後一日與王若千燈下話別感賦

摩天壯志總消沉，流水何年覓賞音。錯著故應埋劍鍔，嶔崎誰用問珠林。

已經托缽猶分纊，舊識揮鋤不顧金。窮我人間遭世侮，卻教容易賦知心。

　　石火飛紅煴灼間，功名自昔野雲閒。否來畫地牢輕入，恩渥回天生再還。夢覺越禽血仍碧，魂驚吳鹿淚成斑。藥壚經卷安排就，卻盡繁華學掩關。

　　淵源四世感交情，孔李通門託死生。顧我一身長落拓，憐君萬事總飛橫。論交不敢馳文陣，澆恨惟宜借酒兵。綠水青山成底事，對君忽欲謝浮名。

別王謂夏光儒

　　隔年心事託西風，雪滿平原悵望中。咄咄書天應誤我，離離斫地忽憐公。浮名幻夢關心迥，濁影虛花過眼空。獨有春山無限樹，撩人別緒夕陽紅。

　　樽前別語意何如，春到金堤柳欲舒。一劍輕遊羞燕雀，十年深悔注蟲魚。難甘覥影馳青彪，忍見蜣轉絲綠渠。明日橋頭分手處，應知離唱最愁予。

　　鐵練星橋火樹燃，傳燈十五月光圓。昨宵花鼓騰村社，此夕圍壚倚劍天。揮手風塵誰復惜，回頭歲月總堪憐。故應一片堆冰雪，分付懷人暮雨前。

馮驩

　　豈獨雞鳴狗盜功，當年彈鋏亦英雄。孟嘗不死非天幸，食客三千兔窟中。

看梅

　　一番香信到寒家，春色侵人未有涯。不是東風能領略，滿庭積雪月將斜。

檢存舊詩有感

　　紙裏家私問若何，山雞毛羽自憐他。邇來漸覺枯腸澀，落筆惟應截句多。

松圖叔園中偶題

　　坐聽桔槔聲亦和，小溪曲折水成波。牆陰一帶尋常濕，大半官蛙鼠婦多。
　　金絲荷葉大如錢，銀杏抽枝綠近煙。花課催人忙不徹，和泥新種錦邊蓮。

寄王處士耘

　　辨才無礙水中停，居士逃禪戶畫扃。願借維摩方丈地，散花影裏聽談經。

松圖三叔以聿新和尚墨驢冊子命題，率成十二首　　存四首

　　踏莎看山行，蒼茫橫驢背。著鞭綠水前，回首白雲外。
　　嵐氣淡斜暉，斷溪正愁渡。三尺略彴橋，長繩牽不去。

樵夫非牧兒，蹇驢亦相伴。一路春草肥，幾樹山花亂。
借問騎驢者，無乃張果輩。不是趙州橋，青山莫踏碎。

遊龍洞

愛山舊癖自蕭然，廢剎登臨意欲仙。紅葉如花猶喜雨，錦屏染黛獨宜煙。
別開天地壺中住，長使藤蘿洞口懸。不敢吟詩最高頂，恐驚石上蟄龍眠。

青雲寺

不羞世外紅塵跡，也向青雲寺裏遊。為愛餐霞住泉壑，卻教冒雨到林邱。
山含嵐翠宮鬟繞，樹雜花香錦嶂浮。披拂殘碑尋往事，百年遺跡到今留。〔註1〕

題張雪村菊花卷子應縣尉章公玉書

側聞古昔言，人淡乃如菊。寫茲霜後姿，疏影寒香簇。仿髴籬邊枝，掩冉
看不足。常覺秋風生，勁節凌修竹。挾以伴牙籤，雅韻靜繁俗。卓哉彭澤宰，
對之應爽目。

題高岱青小照

拂軒鳳尾侵衣綠，出水魚腮映手紅。婢解說詩歌玉樹，僕能捧劍馭花驄。

種苔

著意種苔痕，為護姆嬛屋。不合邀客來，踏破階前綠。

閒

耽懶不注書，儼然依草廬。朝來叩門急，恐是問蟲魚。

平陵道中

古道蒼煙合，荒城春草生。問他來往客，幾個就功名。

丙戌五月訥齋重訂
靜持新詩終

〔註1〕先七世祖手書碑文在寺中。

茰囊集

詩名茰囊,志始也。己卯九月朔,余復館於宋姊丈章仲。至九日,乃始有詩。越兩月,共得詩若干首,輒費長房之故事名之。從乎始,殆亦寓厭災避難之意爾。己卯十一月十日訥齋識。

九日齋中口號

去年留滯錦湖鄉,臥病吟詩抵未忘。今日更逢天氣惡,無花無酒過重陽。
籬菊應殘總未知,故教無語對芳時。荒村日暮晚山瘦,閒煞登高牛背兒。
還憶混沌王處士,猶曾相約看山來。君家合住東南嶺,繞屋黃花昨日開。
〔註1〕
漭瀁世事險如海,漂泊行蹤危似船。獨坐書齋身較穩,那能茰酒問神仙。

雜詩

柔絲不管繫輕舟,荷葉荷花空好秋。願得教為雙翡翠,相隨共住白蘋洲。
丁娘索贈已經時,花燭消沉有怨思。風雪滿身寒氣重,倚闌低唱十離詩。
狼藉筵前醉不扶,問儂還似玉郎無。眉山老眼原空闊,猶有情辭到點酥。
簾外呼名聽最嬌,借來學語韻初調。忍教獨向荒山去,辛苦臨風啄藥苗。

閨豔詞

仿得內妝樣,朝來臨鏡遲。因嫌褪紅淺,猶自索胭脂。
買得蜀川錦,嬌涵春水光。黃金寧不惜,郎愛繡鴛鴦。

〔註1〕處士名耘。

美人手四首

畫眉

羅袖盈盈露出遲，摹挲妝鏡正多時。春波映筍當空現，班管如山不禁持。曲指細勻新合黛，輕彈低拂欲殘脂。起來懶用金盆濯，笑取鴉翎較翠眉。

鹽髮

洗髮朝來腕力虛，烏雲盈把太紛拿。抽將鬢掠徐挑髻，摘去指環斜籠梳。香水寒侵搓欲澀，蘭膏滑重捫還疏。為郎愛綰堆螺樣，損盡纖纖玉不如。

繡襦

殷勤巧製合歡裳，蜜線小排三兩行。縫處幾翻勻豆蔻，籤來正好對鴛鴦。花針拭髮蝦鬚動，繡剪挑燈燕尾忙。寬窄擬成還住手，指將式樣絮檀郎。

抱兒

玉琢麒麟掌內擎，態含纖手更宜情。時依屈戍扶教坐，又上重茵挽學行。長帕縈腰嬌作戲，小鈴晃腕細搖聲。捧來岳岳成歡笑，不怕春蔥太瘦生。

安肅青以其小史所畫神鷹圖見貽詩以謝之

先生畫手真超絕，墨氣鬱勃几榻間。白雲窩中新障出，添得門前三面山。名花珍羽怪石列，一一天冶如仙顏。祗今意態誰繼此，案前要眇推小史。閒來狀就上林鷹，舉世俊鶻皆神死。鈴睠鉤爪岐相向，臨風會欲身輕揚。眼底狐兔正紛紛，願持神物驅其群。回頭似笑鸇無力，鷾雀嘻嘻叢榆枌。吁嗟此子信逸才，對客揮毫真壯哉。點綴羞作桃李豔，松枝竹影凌蒼苔。我來對之若移情，堅坐東窗旭日明。主人持此聊相贈，卻令義氣感激平。他年倘遇丹山鳳，更倩奇筆為寫生。

和鷺隱和尚春雨詩

茸茸細草破春泥，流水桃花小院西。正恐匆匆春去急，新鶯又上別枝啼。

原詩

信屐尋芳踏錦泥，濕雲流出小橋西。黃鶯亦有憐春意，只在桃花枝上啼。

訪王混沌不遇題其齋壁

不擇深山路，來尋處士家。橙餘將盡果，菊是欲殘花。疏犬疑嗔座，短童知捧茶。聞君哭僧去，野寺伴寒鴉。

偶欲逃人境，入門松影鋪。山童方灑掃，野鵲共跰躕。食字魚成蠹，銜書鶴是奴。淹留空半日，細復帝江圖。

雜感

一唱伯勞織翼孤，銜泥新燕又將雛。分明解向通宵語，能住梁家畫棟無。
甘使忘情任阿母，竟無賺語向難兄。人間一樣稱夫婦，愧煞蘭芝焦仲卿。
青陵臺畔月如沙，羅鳥歌停怨更加。尚是腐衣精魄在，飛來不繞宋廷花。
已折紅槿不禁殘，橫窗竹影月成闌。饒他新豔動城郭，未必高堂花樣看。

古棄婦辭

大姑持剪教裁裳，小姑入廚索羹嘗。阿叔學語阿婆怒，教郎將妾棄中路。

擬古決絕辭

豈無池中水，亦有庭前枝。行行長為別，安能以死期。一解。
君馬殊悠悠，妾車故遲遲。相對已如此，別後焉足悲。二解
猶意嫁君日，蘿蔦牽菟絲。寧知終所隔，中道而參差。三解
參差非一朝，當年妾自知。歸君三載餘，同衾復幾時。四解
同衾何足道，君家婦難為。三更理春裳，五更起晨炊。五解
辛苦良所甘，飢寒當告誰。白日下簷光，園花萎秋葵。六解
嗟哉姑性嚴，長施鞭與棰。君有雙姊妹，兩兩虐助之。七解
念此迫中腸，背人涕淚垂。君今遣妾去，妾質行已虧。八解
豈無玉郎少，何忍重結襦。豈無縣尉豪，何忍再入帷。九解
君在東北隅，妾處西南陂。死者長已矣，生時勿相思。十解

十聲詩

擁絮經秋報可憐，孤琴明月靜無眠。撩人隔院聲聲急，知有村閨弄獨弦。彈絮。

徹夜砧聲促太忙，金風成陣響秋霜。遙知用盡閨中力，猶為征人計短長。搗衣。

織女光寒怨入幃，流黃冷月歇鄰機。不知絲斷緣何事，拋盡長梭郎未歸。機杼。

書聲纔歇績聲續，鄰火忽明燈火低。多分輸他辛苦意，寒窗夜半任兒啼。紡績。

宵露踟躇璘藉輕，旋風宛轉系柔情。冒來縷縷山蠶線，抵得淒淒絡緯聲。絡緯。

布砌長袍錦樣看，誰家繡襖簇花團。應憐少婦急刀尺，剪破客心量度難。刀尺。

紅萼飄揚絳屑肥，臼聲格礫碾霏微。村姑謾解晨炊早，一飯王孫正苦饑。春碓。

邊月一天思橫塞，江風萬里欲依人。秋宵忽起閒惆悵，坐拂征衣聽雁頻。塞雁。

漠漠微霜橫塞寒，月明千里磧中看。一聲羌笛起邊思，猶聽人歌行路難。羌笛。

一派秋聲送寂寥，白楊風緊莽蕭蕭。時聞霜葉驚飄墮，知是南園第幾橋。落葉。

冬夜偶詠

雞群驚夜狸，鼠隊避宵貓。亟欲挑燈看，狡鬤眠正驕。夜氣靜金閨，嬌兒索乳啼。朦朧花枕上，囈語夢中迷。

冬夜齋中不寐

幾年游子意，偃臥暫為安。轉怯單衾薄，不遮清夜寒。疏星窺欲落，急拆聽將殘。勉強天明起，開樽一進餐。

亦應愁不寐，身世問如何。孤枕低徊久，通宵感慨多。問妻慚米甕，生子愧金窠。太息數先業，魂消回首窩。

鄰女

九歲髟髟黦發斜，閒將香草當簪花。向人學得梳翎卜，喜事新知兆彩鴉。

懷兒僧珍

笑余遊似風中絮，愛子珍如掌上珠。寄去宮綾當錦褓，還來佛鎖用青蚨。

謝庭宅相應稱好，珂裏家聲滿要殊。節近新年即歸矣，燈前抱汝一將雛。

遙集靈光殿賦中，煙樓滿望爾稱雄。書衣壽字周身麗，黷面桃花映頰紅。如此寧馨賴阿母，何妨跨灶過而公。祝兒未便甘愚魯，恐有題門凡鳥同。

築牆自嘲

自砌短牆遮落暉，行蹤漸覺與時違。登樓有意仍開卷，面壁無能欲息機。困似臥龍從角聽，拙如當扈學鷃飛。及肩不礙春風過，怪得朝朝燕子歸。

顏神進香曲

順德祠前煙柳環，順德祠下水潺湲。十里遊人香似霧，朝來先上鳳凰山。
石橋望望互如虹，急管繁絃夕照中。竟日魂迷嗚咽水，驚人一曲大江東。
不惜羅衣憑石欄，水光人影畫中看。輕風日暮催靈雨，知是神君赴法壇。
西冶街連稅務街，琉璃巧製寶花釵。人前檢得時興樣，為解金錢竟露懷。
駝背蜂腰熊可憐，伏行傴坐碧峰巔。倩人細寫還香願，更擲金錢買紙錢。
石磴崚嶒積蘚苔，弓鞋窄小莫遲回。須臾嬌污沾羅袖，拖鎖特為朝頂來。
水次山坳任逗留，少年心性足風流。分明波鏡嵐光裏，一笑相逢殿北頭。
孝感源泉真復真，靈祠禋祀肅千春。愚人不識當時事，爭說顏山水母神。
水湧方塘一鑒開，繞池香客鬧如雷。含羞偷打金錢眠，知是蘭閨祈子來。
出色新為阿壻妝，桃花馬上野風香。無端羈裊匆匆去，愁煞山頭遊冶郎。
行行女伴快如飛，坐向山頭覺力微。為拂輕塵整鬢髮，被人拾得墮鈿歸。
撩亂香錢擲地輕，飄紅燦綠一時情。供神道士偏年少，懞懂鼓聲兼磬聲。

立秋

此日立秋日，逼人炎氣除。槐花開欲亂，桐葉落還疏。白拍空零水，紅翻潑刺魚。山中坐來久，惆悵未安居。

狹邪曲

綠楊影裏碧波輕，夾岸銀沙護縣城。曲曲狹斜歸去路，教人懶聽賣花聲。

豔情辭

一彎雅愛眉如黛，半挽深宜髻似螺。依約含情人背後，暗停針線送秋波。

灤遊草

灤口人日

旅邸年華也自新，正逢人日嶠湖濱。喧衢鐃鼓騰船戶，雜杏香花賽火神。
獻歲無詩應笑懶，賞春有酒莫辭頻。草堂羈客今誰識，隱几昏昏過此晨。〔註1〕

標山竹枝辭　十首存七

灤口南頭路不遙，標山翠色起單椒。年年正月燒香去，多少遊人過小橋。
大家妝束稱新宜，打疊遊山意不遲。來到山前神氣倦，茶棚棚下歇多時。
女伴紛紛結隊來，嵯峨石上好挨排。料應愛聽山西曲，日暮天寒竟不回。
取次轔轔走鈿車，黃塵撲面逐風斜。幾聲柔笛依山曲，萬縷輕煙煎野茶。
飛來石上定登臨，四望岩嶤接遠岑。只恐凌空復飛去，天風無際白雲深。
〔註2〕

紙煙香影拜參差，姊妹分明祝語辭。為婦要為估客婦，乞兒須乞走河兒。
南北春光望眼收，卻聽山唱起山頭。山南城隱千行樹，山北河開萬葉舟。
〔註3〕

春興

破暖金堤將放柳，折風畫苑欲舒梅。〔註4〕韶光如此須行樂，折柳探梅日
幾回。

〔註1〕「人日題詩寄草堂」，高達夫寄工部詩也。時余方讀杜詩。
〔註2〕以上二首稍□□竹枝辭。
〔註3〕得竹枝體。
〔註4〕二句微近做作。

望崞山放歌

造物好奇奇不已，鑿空怪石連雲起。崞山舊枕崞湖中，倒影晴嵐浸湖水。當年勝蹟成塵埋，〔註5〕山色猶乘春曉開。金輿玉筍不足道，截然橫嶺如刀裁。〔註6〕分得華山一半青，曈曨日影從東來。誰家欲學阿嬌妝，捲簾明鏡邀山光。綠髮侵鬢總嫌淺，石黛染眉猶恨長。始知化工本要妙，那許人間曲折肖。俗態怪豔徒紛紛，塗鴉應被山靈笑。我來看山心欲顛，相看無語空相憐。明日過河上山去，一聲長嘯凌風煙。

望華不注

愛此孤峰秀，終朝看翠鬟。誰將一拳石，留得在人間。白鹿不可見，赤松空復聞。君看山頂上，飛起半天雲。戰士憶三周，仙人驚一顧。悠然懷古心，目極華山樹。擬寫翠微姿，屏添雲外障。何當學臥遊，日在華山上。

春日藥山觀會〔註7〕即事

石磴盤澗曲，春會競遊賞。神祠依絕巔，賽鼓迓靈爽。參差足松陰，高低隨方廣。藉草布瑤席，列坐集少長。拂拂縷風過，香煙忽開朗。羅綺耀山花，笙歌雜梵響。愁煞冶遊兒，殊增天台想。

齋中偶見紙鳶

百尺從知線力微，扶搖直上見應稀。偶乘風勢疑霞舉，纔入鴉群學鳳飛。紉態依違空弄影，輕身俯仰未忘機。無端牽引隨人意，贏得兒童問是非。

人間無地覓遊仙，仰面猶能識紙鳶。禽鳥亂時交下上，樓臺多處自迴旋。聊施塗抹空欺世，未必飛騰可到天。怪底羨他風力穩，游絲不動彩雲縣。

瓶中海棠

絕代嬋娟子，天姿亞洛神。未經金屋貯，先現玉瓶春。玉環殊未睡，破曉褪紅痕。著意添春水，猶涵太液溫。不解淵材恨，愛花何用香。膽瓶披拂處，新豔倚書床。

〔註5〕湖為劉豫所□，舊景全湮。
〔註6〕裁字再酌。
〔註7〕二字欠雅。

德州雨中同羅素文先生遊其別墅杏園

軟雨滑風過杏園，小亭坐久又開樽。只疑花鳥機皆熟，便覺主賓情忘言。壁上題詩懷雁序，〔註8〕道中覓義得龍源。此間自是神仙宅，卻愧塵襟積正繁。

止亭先生邀賞牡丹長歌呈教

一夜雷聲喧近郭，朝來雨氣滿叢薄。新詩袖底謁宗工，卻令移坐雲林壑。樸園夫子耽吟久，一見相看豁笑口。載墨亭邊牡丹開，共對名花倚樽酒。褪紅夭冶發三枝，魏紫姚黃總可醜。階前花木半清奇，竹壓闌干藤蘿垂。爭如豔出楊妃閣，占得人間傾城姿。一時並見秦韓虢，意態羞染濃胭脂。脂粉洗盡懶朝天，爭向春風逗春思。僕本恨人愁不已，竟日依遲戀繡綺。情禪打破須年年，方丈天花飛更止。醉來揮手賦長歌，書盡青藤半幅紙。玉盤承露空復然，朱頰侵香尋常爾。他年重過羅含家，花魂應傍張風子。

贈羅大偕堂

舊識羅琴比玉姿，清談恰到月明時。才多反惜文為障，病起應知酒不支。道義淵源三世事，風流想望十年期。凌晨陌上分襟處，珍重寒雲繫別思。

德州阻雨寄徵一兼呈偕堂

朝雨廉纖底不休，春雷驚起蟄龍愁。庭花弄色交垂濕，除鳥爭喧總入幽。小別迴教懷宋玉，長吟新喜問羅虯。由來蹤跡隨流水，又擲徵鞭一日留。

再別止亭先生

儒雅風流接見頻，謁來連日坐長春。百年家學從公覓，千里神交許我真。詩到旗亭分格調，酒聯文壘對嶙峋。卻嫌驪唱匆匆甚，庭院鶯花應笑人。

阿嬌怨為馮三題畫

玉輦承恩記得無，深宮買賦亦何須。阿嬌自合生金屋，錯畫長門望幸圖。

刈麥行

今年兩足麥有秋，青黃照眼鋪平疇。農人早起呼其旅，前者歌唱後者謳。草索纏腰鐮在手，伏身疾趨爭水流。晌午飯罷忙不歇，寧辭赤日炎當頭。曝背

〔註8〕軒壁有家兄秉夫舊題詩。

露肘皮皴黑，被面淋漓汗成油。遺秉滯穗復何有，拾者紛紛空鴉稠。我來對之長歎息，且復斯須立隴丘。人生苦樂本難均，拙者勞瘁巧者收。君看官府黃堂上，麥飯飽□聊不愁。

後刈麥行

昨日觀刈麥，無端增煩懣。今日觀刈麥，灑然成蕭散。也知憂樂逐境移，頓令心地變冷暖。昨日天晴炎日枯，坐來樹下過圍爐。今日天陰微風生，南陌東阡隨意行。東阡南陌互相向，眼底離奇不可狀。已看麥捆載滿車，鞭牛唱馬勢飛颺。還見宛轉推獨輪，轆轆不斷近千兩。更有壯夫力絕人，擔挑不事獨肩抗。刈者未畢拾者來，搶攘成陣爭喧逐。忙如饑蠶食葉急，驟如卷沙疾風摧。聚如蟻附腥膻地，散如驚鴿起平埃。誰家少女發覆頰，何處村姑塵滿腮。欲拾不拾終羞澀，卻行卻止空徘徊。不見比鄰嫂，懷中兒未哺。置之在道旁，疾去聊不顧。掇拾兼攫拏，一任田父怒。登時盈傾筐，抱兒歸家日未暮。

苦熱口號

斗室挑燈坐幾回，掠人蚊陣鬧成雷。平生蹤跡宜涼冷，卻悔無端附熱來。

高洋

父如龍，兄如虎，洋也爾才何足數。卻令決計倉皇間，舉國相顧色如土。歡不死矣宇文分明為爾語。君不見三子將軍時，澄輩當之氣先沮。始知桀驚之姿本天成，坐教南面稱齊主。雖然南面稱齊主，此事爾母乃不許。生不願為龍與為虎，篡弒竊據甘為鼠。吁嗟乎，洋也爾才何足數。

齋中病感呈劉健行

欹枕低迷夢未醒，不堪旅館客魂驚。風能透骨如秋冷，月為關心向夜明。四海無家名轉累，一身多病命尤輕。眼前懊惱難消減，賴有相看劉更生。

病起即事

一月忽成多病身，起來瘦骨倍嶙峋。亂拋藥裹封蛛網，碎擲詩箋付蟻塵。飯後時持神授偈，夢回猶防鬼為鄰。青霜白雨皆蕭瑟，不獨金風欺得人。

題芭蕉同徵一

生成現葉影先碎，到得著花心已枯。自是柔姿易零亂，不關秋雨太模糊。

秋雨秋風舞枯枝，輕教冷落過芳時。寸心不死情根在，留與離人寫怨辭。

蒲葉應殘蘆荻煙，方塘荷盡晚風前。秋光一例堪惆悵，卻恨愁思寄綠天。

映階冉冉綠如雲，珍重寒光簇錦裙。若個玉人秋病校，柔箋自寫袪情文。
〔註9〕

題蕉往事莫重論，〔註10〕花氣低涼夜氣昏。三載吟魂消不得，更將殘墨點霜痕。

綠天仙子住瑤臺，何事人間得許栽。今日霜殘兼雨折，細將消息問從來。

挽王太年祖文洲先生〔註11〕

淒風吹雨海天昏，惆悵人間失達尊。文獻百年新冷落，交誼四世舊淵源。〔註12〕天長地久悲泉路，越水吳山動旅魂。小子曾經親几席，那能無淚灑松門。〔註13〕

道德才華兩不虛，一官脫屣臥衡廬。長貧不廢留賢榻，垂老猶貪志怪書。談塵詩瓢原灑落，名心宦念早捐除。祗今弓冶留遺澤，子孝孫賢慶有餘。〔註14〕

挽張孝廉夢齋

太息人間未易才，吟魂應傍謫仙臺。生前慧業隨飄瓦，身後文章付劫灰。劍化延津難再得，鶴歸華表不重來。那堪憑弔娜嬛宅，搔首西風燕雀哀。

題觀海圖應邑贊府約軒先生

放眼直從海外，置身合在雲端。莫問滄桑興廢，日月正跳雙丸。

長歌再題觀海圖

生平常恨眼界仄，萬事嘗騰憑蠡測。展卷便覺滄桑改，驟令惆悵失顏色。咫尺已涵萬里勢，煙波浩蕩望不極。指顧常恐驚濤翻，蛟龍挾雨雲墨黑。更愁海若弄神怪，蜃氣變化樓臺逼。扶桑遙指日東來，歸虛何處窮消息。昔聞碣石乃在滄溟間，憑高直上瞰寰域。又聞三山之峰居真人，儼然可望不可即。人生

〔註 9〕袪情文，徵一著也。
〔註10〕癸未秋日，同徵一題芭蕉詩數首。
〔註11〕題再易。
〔註12〕先生為先曾王父辛卯同年。
〔註13〕先生遊浙中歸，沒於途。
〔註14〕句嫌太樸。

適意須行樂，會往從之畏難陟。身無仙骨奈爾何，悔不兩腋生飛翼。今觀此圖忽大笑，從前妄想真迷惑。假如觀海定須海，心為境滯轉否塞。天地須彌本無端，滄海一粟尤奇特。此卷纔能尺幅多，便藏海天千萬億。收召心魄臨絹素，巨觀已畢豁胸臆。長歌拉雜任荒唐，字練聊酬丹青力。借問畫中觀海人，吾言不謬或應識。

秋日遊野園即事贈鄭淑躬及令弟秋池

徙倚雲閒興不孤，十分秋色淡平蕪。池邊臨水數魚隊，架上銜書任鶴奴。顛愛擘箋真是癖，狂應題石本來迂。不知黃葉林中客，〔註 15〕一種清懷似此無。廿四泉頭野草煙，誰將軼事問名賢。文章自昔推王逸，〔註 16〕衣鉢於今到鄭虔。宅近赤霞雲靉靆，園開黃葉樹連娟。我來懷古情何切，搔首西風欲問天。

一鏡方塘面面薰，鄭家亭子舊曾聞。懷奇竟欲留書幌，才拙何堪寫練裙。石砌小山花瑣細，雲封曲徑露橫紛。他時蠟屐還重過，爛醉狂吟坐夕曛。

野園雜詩

茫茫駐足息勞形，石磴苔痕蠟屐停。雲自檻前飛去白，山從簷角墮來青。雙螺綰髻鴉翎媚，珍重小山堆綠鬢。畢竟輸他宮樣巧，更添石黛點春山。蒙茸睡草抽書帶，雜錯香花碎錦文。安得右丞傳墨妙，繪他碧岫倚紅雲。坐來月色照登臨，望裏華山煙樹深。今日相隨憐鄭愨，只疑身到使君林。遠嵐濃淡抹斜暉，秋氣蕭森冷四圍。貪領風光忘去住，不知濕露上人衣。敗荷浸池嫣餘折，殘柳拂地態可憐。秋容點綴無他種，嫩色猶餘老少年。花畦曲折蟲書亂，雲影依違雁字斜。個裏真詮誰領略，肯將草木易桑麻。玲瓏瘦削簇孱顏，秋卉爭芳石罅間。坐久迷人渾似錦，只應呼是小霞山。〔註 17〕

花裏登山別有天，翠微坐久樹成煙。由來不信飛昇事，到此擬逢乘鹿仙。盤回山勢兩峰平，松刺花梢不礙行。便可蒲團學趺坐，長來山上覓長生。

古鐵硯歌和王麗農

何年鑄此冶溪鐵，傳流到今聊無缺。墨瀋猶漬松煤香，筆花尚蘸霜毫潔。

〔註 15〕王秋史先生故居距野園數武。
〔註 16〕謂秋史先生。
〔註 17〕赤霞山在園南，與園中小山正對。

端方嚴正絕曲斜，硯池略凹堂微凸。當中明淨涵溫潤，四邊崚嶒帶古拙。兩旁簇起鏤花紋，細纖絹髮半明滅。由來尤物有鬼工，人巧殊難強施設。又疑暗裏神呵護，完好絕少蠹蟲齧。支離卻笑銅雀丸，薄脆往往遭摧折。世間石硯重歙溪，買價更比金玉烈。終苦石質難持久，發墨雖良易破裂。吾邑淄硯亦佳品，當時曾邀東坡悅。石色雅與鐵硯近，天然墨黑何須涅。一硯僅值數百錢，時人易購轉嫌劣。他如紅絲及鳳尾，佳名信美徒空說。邇來頑石及磚瓦，畫幾書案莽陳列。粗俗滑硬難上手，原神渴死精枯竭。談者信耳不信目，妍媸真贗誰分別。此硯一出鐵錚錚，寧教群魔恣偷竊。麗農山人好古者，用錢買得獨擊節。摸挲把玩不忍釋，酒後相看為耳熱。根觸還成鐵硯歌，刻繪點綴鎮幽絕。叮嚀約我共賦詩，自顧才薄慚雄傑。十載磨硯未曾穿，那有文光驚電掣。不然且為秋蟲鳴，聊向豐干學饒舌。錦匣玉裝君莫惜，勿使寶硯侵冰雪。

和申清川先生煙筒辭四首

不分樵叟與田翁，幾寸煙筒約略同。火種布包攜帶便，大家歡笑夕陽中。村中。

蘭花煙氣號中薰，軟語商量隔壁分。正好枯腸費搜索，借來一吸即成雲。場中。

煙筒不礙短髭鬚，斜坐銀鞍款段駒。縷縷吐來成靉靆，被風吹入小平蕪。馬上。

盈盈帳影散流蘇，薄醉暈人不用扶。把與郎行同領略，可知拭盡口脂無。閨中。

董尺五齋中對菊

賴此寒香殿晚秋，依然風味足清幽。霜姿披拂縈書幌，露影紛凌映酒籌。董子窺園知有意，陶家開徑許誰儔。掲來花與人皆淡，指點東籬欲少留。

與蔗園叔訪朱佑存先生即事呈教

朔風瑟瑟明湖頭，滿城宿雨濃雲收。踏泥踉蹌隨癡叔，敬恕堂中成淹留。主人愛客具旨酒，酒尊列坐相綢繆。把酒卻話當年事，淵源四世感交遊。顧余家學久寥落，孤劍飄零無住著。到處狂吟任疏放，經年浪跡恣揮霍。飛騰已慚秋桂遲，閱歷深知浮雲薄。珍重從公覓本師，文章道義兩不疑。君家玉樹森森立，長公早歲凌天池。即看羈衆騰雲步，驚人鱗甲奮之而。敘也點頗羞處釜，

形神顛倒還支離。夙知世事枕中夢，戚戚嗟嗟徒爾為。簷光欲下日移晷，空向花前奏流水。四壁不語客黯然，香氣飄紅綻梅蕊。為翁更期十日留，狂吟爛醉從此始。

娥江行贈申清川先生

娥江之水何清清，長川如帶連堤平。山印嵽㟧嵐光盈，嶔岑森瘦擬削成。中有伊人申先生，降神天上來星精。文章早擅當代名，孤高性格寡所營。十年不字安幽貞，晚歲獻策遊承明。紅綾丹桂交敷榮，〔註18〕歸來硯田仍可耕。臨水結廬三四楹，南面皋比吾道亨。春風化雨羅瓊瑛，金鐘大鏞相和鳴。閒時兼狎鷗鶴盟，評章草木無遺情。震出蒼莨始欲萌，風拆蕾蓓看滿莖。雜花散錦五色縈，勃溲往往藥籠盛。敘也瓠落原荒傖，懷刺懶投如禰衡。登龍不敢歌鳴嚶，舊託世講甘推誠。願乞指南引迷程，無致小子隳先聲。即今琢句紛瞶盲，塗鴉變怪欺愚蒙。邊李遺調那能賡，豈有神韻傳新城。思將墜緒隻手擎，輾轉空被狂俗驚。舟大水弱本易傾，嗟哉力薄難支撐。昨讀公詩真涵泓，雄如十萬列甲兵。〔註19〕堅光勁氣老愈橫，感慨淋漓吞鯢鯨。黃葉林中能抗行，〔註20〕壇坫牛耳誰敢爭。擔荷騷雅豎一旌，佇看風尚從此更。況公文筆韓柳並，咳唾珠璣千言輕。要與浮世解濁醒，學深才巨德益呈。執躬淑志搖蕙珩，抑然善下偕時英。客來不惜倒屣迎，幸飲淡味希太羹。敢辭布鼓依雷搒，指日碧波香杜蘅。幾灣鴨綠春山晴，還攜黃柑及綠橙，娥江江畔聽新鶯。

贈李南珍同學

一笑相看意未迷，十年舊雨喜重提。新看郎署隨金馬，早有文章擬碧雞。為政治通山澤普，〔註21〕歸田吟愛野雲低。慚餘智比蚿蛇淺，心折人間李隴西。瀟灑丰姿卓越才，風流信有謫仙來。耽書落手雲煙變，覓句驚心風雨摧。花滿鳳城初返斾，月臨鹿苑更停杯。知君饒有令原恨，蕭瑟寒天雁陣哀。〔註22〕

寄贈鄭天章同學

追隨文酒恰齊年，回首書堂夢欲顛。意外驚逢尋舊雨，坐中長話對寒煙。

〔註18〕句似欠穩。
〔註19〕與上句不比附。
〔註20〕先生拜王秋史先生墓詩一篇最佳。
〔註21〕南珍官工部虞衡司員外郎。
〔註22〕南珍難兄輯五新卒。

疏狂我已輸張旭，冷落君應勝鄭虔。咫尺相違真怪事，題詩欲寄轉蕭然。

贈李心也同學

金蘭結交誼，吟賞紀同舟。逸調應無敵，高懷未有儔。人依雲鶴遠，山愛嶠華幽。珍重還相約，何當問舊遊。

贈賈永孚先生

歷下尋遺老，賈生真我師。行藏安古拙，心性薄權奇。八法書原好，三唐句不疑。相逢應恨晚，仔細論聲詩。

習靜

跏趺因習懶，靜默豈通禪。止以空明在，漸能煩惱捐。水涵心上地，月照性中天。到得無言說，光從定處圓。

冬至日灤口初度感懷八首

冬至陽初轉，群陰漸欲銷。凍雲飛別浦，寒日麗通橋。早起精神健，狂歌意氣饒。四方羞壯志，聊復過今朝。

客裏空初度，淒然思不禁。形藏真浪跡，歲月總驚心。且復從斟酌，何堪歎滯淫。行年三十四，已苦二毛侵。

太息我生後，早年逢數奇。雙親痛違養，四海欲何之。血淚獨終日，白雲無盡期。更憐兄弟隔，聲斷脊令詩。〔註23〕

黽勉承家學，凋零劇可憐。半生甘瓠落，九世愧薪傳。舊德巘山樹，遺文隴水煙。顯揚愁未遂，深恨託哀弦。

鄉社推文獻，於今公義存。深思緬吾祖，遺跡綠筠軒。〔註24〕花草皆衰謝，風塵空暮昏。含悲東望極，此意向誰論。

劫火寒灰在，驚魂五載餘。〔註25〕凋殘兒女盡，〔註26〕潦倒友朋疏。身世嗟空累，家緣念已除。行當決歸計，著意問樵漁。

怪鳥鳴前檐，凌晨聒耳多。空勞傳悔吝，已分聽蹉跎。敗篋書全亂，新詩字半訛。唯宜燒榾柮，撥火坐寒窩。

〔註23〕時家兄亮齋先生客蘭山，舍弟石齋客益都。
〔註24〕綠筠，先祖軒名。
〔註25〕余以辛巳遭回祿之變。
〔註26〕予子二人、女一人，相繼殤沒。

尚有主人賢，朝來破酒錢。坐中彈鋏客，〔註27〕為我慰迍邅。傲雪梅將燦，開樽日正妍。已經憂患積，應愧祝長年。

示蒙徒二劉

朝來書室中，羅拜愧蒙童。句讀余多誤，言詮爾未通。雁行雙立玉，鵬陣九摶風。他日森頭角，知非教化功。

燒榾柮

撥盡寒灰暖氣浮，空堂煨芋亦良謀。怪來笑向豐干說，世上何人是鄭侯。
殘篇盡檢付爐焚，天妒吟哦我舊聞。欲學冬烘終不慣，印灰猶寫葬詩文。
不因人熱百無成，眼底羞看夜火明。團雪燒銀空有術，誰能再問耿先生。
未燼餘身住著難，故園回首夢魂殘。寒爐莫怪星星小，應當昆明劫火看。
簇火攢成小小峰，輕灰吹起一重重。只疑便有韓湘事，望裏藍開雪色濃。
圍爐靜坐慧光圓，依約神遊小洞天。著意添成文武火，還從個裏現金蓮。
如桂何須重積薪，鑿山空復羨烏銀。粗豪濁火濃煙霧，輸爾溫柔泥近人。
〔註28〕

歷盡冰霜空自持，燈昏酒冷夜深時。旅衾借爾留奇暖，那得無言不贈詩。
巧排獸炭擬蓮臺，方丈應無大辨才。眼底看成獅子座，天花著體忽飛來。
化出輕塵萬億多，便將沙數比恒河。分明浩蕩無窮業，奈此餘灰未冷何。
頑鈍何堪說煉魔，爐中火氣傍人多。看他一例空明像，認是螢光定不訛。
火自爐中起夜光，照書應不讓螢囊。年來耽古差成癖，猶讀山經數十行。
滅沒紅光暗欲昏，也知色相不長存。寸心未冷情猶熱，分付空庭負日暄。

徐文長先生草書杜詩歌贈東岩

何年遺得煙雲跡，燈前伸紙眼忽明。遂疑點畫費識認，淋漓漬墨猶縱橫。龍旋鳳逸勢飛動，蹊徑全脫真天成。細辨方知少陵句，指顧已聞五夜聲。大明宮中和章出，至今耿耿含原精。此詩此字兩相匹，端嚴正大無邪傾。古人片字皆寶貴，況乃奇傑真連城。棄擲轉徙入廛肆，賤售奚啻瓦釜輕。吾家平子雅好事，尋常購來藏書簏。經時流覽不釋手，怪來邀客相推評。夜深向我三歎息，似恨才大難為名。弄筆紛紛競妖媚，骨氣頓死空支撐。鍾王失傳顏柳棄，八法

〔註27〕謂同里馮丹林。
〔註28〕烏銀，石炭名，見《記事珠》。

豈復探其情。世間好龍真者少，無怪神物遊青冥。當前得失刹那耳，偶然歸吾寧敢矜。驟聞正襟志忽肅，達哉斯言信獨醒。乘興意欲歌長句，濁酒不辭飲如澠。模糊便覺逢張旭，會借草聖揮吳綾。卻謝不敏還大笑，此事我輩安能勝。摸挲重玩舊題在，誰其書者天池生。

寄懷宗叔念渠先生

吾家有癡叔，高懷託雲霞。公車屢蹉跎，饑驅勞天涯。相逢明湖側，向我長諮嗟。努力乘春風，早看上苑花。

慰清川先生被盜

先生安貧者，長物復奚有。未種南陽桑，擬栽東軒柳。蕭然餘青氈，書卷積戶牖。豈屑事慢藏，穿窬來何陡。發櫃更探囊，滿意窮搜取。局鐍攝緘縢，負揭疾趨走。料應無質衣，還宜留敝帚。竭來相慰藉，為我設樽酒。得喪原轉環，至理良易剖。失馬及亡羊，厥見孰先後。公於天地間，獲福亦云厚。聲光動當時，著述垂不朽。立志高雲霞，執身貴瓊玖。豈此自索彼，錢刀真土阜。不見世上人，蠅營而狗苟。大者叨祿爵，尸位據章綬。細者較錙銖，侵漁恣污垢。甚之章句徒，耳食獵勃溲。或居仁義賊，闇然忘形醜。摸金乃列官，竊符尤非偶。遂令空明界，半淪逋逃藪。曠哉達人心，視之如跳蚤。知者為盜積，聖者為盜守。身外皆可無，割棄同駢拇。俯仰隨推移，造化從吾友。長吟日月寬，小住乾坤久。狂論任支離，洗斝請為壽。願公聽吾言，灑然豁笑口。更深雞犬寧，沿街空擊柝。秉燭醉歸來，天風掛北斗。

登岱七律四首

其一　限朝字

盤空萬仞鬱岩嶢，嶽列東藩拱盛朝。魯甸千峰環大野，齊煙九點接重霄。天垂絕巘行依斗，日出滄溟坐看潮。仰止由來深嚮往，步虛直上翠微遙。

其二　限封字

獨立天門俯眾峰，四圍羅列翠芙蓉。低微梁甫真如石，隱約徂徠尚有松。字沒蒼煙留漢碣，雲迷碧瓦失秦封。竭來懷古情何切，望秩重華首岱宗。

其三　限嘉字

山到天孫景最嘉，狷珠銜彩毓光華。尊嚴自昔披金檢，靈爽於今識碧霞。香入雲中結瓔珞，境通天上逼嵾嵯。遊人莫更談封禪，世際唐虞樂正奢。

其四　限來字

還從危嶂小徘徊，日照煙波萬匯開。遂有仙風相繚繞，頓疑人世隔塵埃。黃河一線縈銀漢，碧落千尋映翠苔。才薄應慚吟賞處，空看眼底送青來。

再詠登岱　限韻同前

其一

專尊東嶽衛天朝，振策開懷極目遙。萬疊煙巒盤地軸，半天雲石撼星杓。登臨未辨仙緣淺，指點真疑塵慮銷。須向巨靈探造化，銖衣披拂入丹霄。

其二

望裏蓮花翠朵濃，坐來日觀白雲封。三千界隱微茫色，十八盤開渺藹蹤。雨露精涵丈人石，風雷聲振大夫松。即今泰運流方遠，天子親經駐六龍。

其三

石勢紆回徑曲斜，攀援歷險逐嵾嵯。山從百丈崖邊異，景到三天門外嘉。聖化同瞻依日月，微村新喜託雲霞。分明咫尺王畿在，縹緲香風望翠華。

其四

七十二君封禪來，千秋盛事未應灰。明堂不共蒼煙沒，御帳猶凌碧落開。攬袖直堪捫景曜，振衣還欲拂塵埃。雲亭一帶空蕭瑟，徙倚臨風竟忘回。

三詠登岱　限韻同前

其一

勢極岩岩跨九霄，群峰環拱似趨朝。雲光遠掛神京樹，雨氣潛回大海潮。齊魯中分通指顧，乾坤振古簇岧嶤。也應浩蕩胸襟闊，揮手青龍近可招。

其二

懷古層巔託興濃，傳聞黃帝此登封。盤回曲嶺凌飛鳥，燐灼長蹊隱畫龍。瘞牒微茫餘古洞，劫灰寂寞尚孤松。茂陵舊稿空全在，肯借鴻文紀岱宗。

其三

竹兜山坳遊最嘉，不須蠟屐怯紛拿。滂蹄大海爭縣釜，封垤群山亂積沙。到此真疑天下小，坐來未覺日邊遐。跏蹲帝座通呼吸，不向塵寰閱歲華。

其四

長嘯高空萬壑雷，謫仙遺跡豈勝哀。青童終古歸三島，玉女何年下九垓。入世自懷長住法，煉形誰是不凡才。峰頭卓立紅雲繞，恐有仙人接引來。

四詠登岱　限韻同前

其一

震魄崚嶒動絳霄，憑虛傑立起丹椒。山連海岸參差近，路接天梯曲折遙。細剗松根秦雨漬，試看殿角漢雲銷。由來巡狩威儀肅，四海沾恩戴聖朝。

其二

嶔岑陡上翠微濃，誰向洪荒築此峰。功德三千嗤漢時，關河十二矚齊封。半山石落諸方雨，大地風飄上界鐘。便擬向禽婚嫁畢，早將五嶽徧遊蹤。

其三

羅列諸峰景色嘉，直從天半數中華。丹丘東挹三株樹，玉井西連十丈花。雲氣依人生靉靆，風光隨我步婆娑。神房阿閣經遊歷，縹緲仙蹤望欲奢。

其四

眾峰一覽亦悠哉，嵐影全隨澗道回。天柱虯松探日月，海涵蜃氣雜樓臺。憑高自詫巍巍色，志勝殊慚嶽嶽才。告謝山靈歸去緩，猶疑足底踏風雷。

登州海市歌

登州大海天下奇，仙市往往人見之。估客停舟漁住網，奔走駭汗來群黎。初見長空掛匹練，海蜃吐氣含陸離。恍惚異象漸開張，水晶萬頃明琉璃。造物出色弄神怪，俯瞰無際傾迤邐。潋淶瀲灩宕靈悚，銀濤雪浪搖斜欹。橫者為嶺豎者峰，高低排列森嶔崎。鬥然飛為蛟鱷勢，蟠旋攫拿雷雨垂。更成祥麟及瑞鳳，迭出三山銜神芝。珍禽馴獸逐絡繹，乍前乍卻清風颸。嵯峨宮闕半隱現，雕搜甍棟流虹霓。階墀級砌紛重沓，琪花瓊樹羅參差。瀛洲舊是仙人住，空中

境界誰能知。滄桑閱盡渾無事，紅塵遊戲相往來。美人隱約盤鴉鬢，羽客縹緲飄銖衣。左顧右睞狀不極，天輪地軸交縈回。豈是斤人修月成，餘屑散漫銀蟾暉。八寶不借人間色，丹青爛爛繪錦帷。又疑翔陽蘸波心，赤烏驚逐紅雲飛。仿髴夸父揮戈至，坐令羲馭停驅馳。我聞驪龍睡海底，將無忽醒騰之而。懸珠烱灼掩不得，卻逐潛虯媚幽姿。又聞海上多化人，長臂黑齒紛妍媸。兼能十里為煙霧，變幻詼誕了不疲。化工到此能事畢，歸虛閭尾主者誰。茫茫大造原廖闊，淺見慎勿強測蠡。會乘天馬遊廣漢，邀蕩八紘登瑤池。平地衝舉亦快樂，頓教咫尺分雲泥。安得朝朝常為市，精誠感格通太微。只恐見數不覺異，絕技將被愚人嗤。須臾斂影寂如掃，乾坤一洗澄波移。歸來彷彿見仙島，神魂三日猶為迷。慚無東坡大手筆，空勞海若巧施為。乘興更上蓬萊閣，憑欄高唱海市詩。

其二

誰能天半築樓閣，不向人間借椎鑿。誰能虛際栽林木，人物踏空如行陸。巨鼇挾山靈域開，碧虛何處容塵埃。仿髴絪縕雜蜃氣，纖羅細縠相遮回。盤盤困困連珠房，銅獸金雀森開張。橫亙彩棟垂虹霓，重疊碧瓦排鴛鴦。丹施檻窗堊為牆，金階玉戶通長廊。恐是閬苑移雲莊，不然龍宮飛青蒼。結構慧巧含晶光，公輸失技遠遁藏。細看古剎隆隆起，舍利光圓照海底。優曇幻出千百身，便覺如來真不死。有時變為金闕仙，駖轞控鶴遊翩翩。丹顏紺髮自灑落，會許紅塵乞大年。突成奇鬼珥青蛇，支離怪醜驅滿車。自昔曾讀海經傳，肝榆之屍倘不差。海波已息寰宇靜，寧許山鬼跳含沙。天吳亦具八首尾，足如其數青黃加。位尊水伯處陽谷，大荒著績非妖邪。我言未畢驟澒沒，海神似愧形权枒。盈盈卻露美人體，衣裳齊楚顏如花。凌波仙子不踏海，靈風胡為搖雲霞。精衛未滅尚遊戲，炎帝少女名女娃。閒邀龍妃相容與，遙望天涯久延佇。修娥皓齒殊分明，咫尺默默不聞語。嬌羞掩面諸女郎，似見鮫人泣綃女。別有壯士氣宇雄，衣冠帶劍遊高空。何年留得丈夫國，歷劫猶來東海東。大人堂開悉有市，尋常列肆驚群蒙。他如士庶尤紛夥，衣冠約略吾曹同。廬舍村店總歷落，桑麻雞犬何朦朧。千奇萬變橫漭瀁，剩趣餘妍不可狀。白衣蒼狗小巫耳，造物弄怪真奇創。帝下徵符趣群真，疾飆吹送歸天上。銀海絢極猶生花，含情搔首獨悵望。舊言長公祈海靈，斯言如信吾不讓。廣德祠前立多時，驚濤萬疊空銀浪。海岸日斜雲不流，隱隱三山生變相。

其三

蜃氣卷風起空碧，怪來人境愁逼仄。滄桑眼底成遷移，天地到此失顏色。十二萬年原虛花，如環劫數恒河沙。人於其間分一息，升沉得喪真紛拿。三千大千亦微壒，堂坳芥舟誰能會。卻從蝸角施靈奇，劈空別開一世界。當前雜沓正邐迤，不辨塵寰與煙市。歷歷海童乍疑笑，離離馬銜悉可指。蜥像跳躑勢攫人，天吳搖盪將出水。也知噫氣皆浮泡，對此茫茫半驚喜。

其四

滄溟曉日涵曈曨，海神朝起驅魚龍。蛟蜃騰氣忩噴薄，豁然異境開洪蒙。山川人物三千界，樓臺宮闕十二重。收納天地黍粟內，變換今古瞬息中。踟躕常愁海波翻，移神注目搖靈風。我疑造物不可測，幻事頓與真者同。一切有為皆泡影，無乃藉此醒愚蒙。幻者為真真者幻，顛倒至理誰能通。忙忙蚍蜉正征逐，安知放眼窺樊籠。題詩遙依三山樹，白雲如練凝青空。

虎倀謠

虎倀虎倀何其愚，身死猶為虎前驅。殺人飼虎來山隅，肌骨粉碎無完膚。腥風灑血愁模糊，青林夜鬼呼嗚嗚。戕害同類帝所誅，誰教平地跳椰揄。施仗威勢矜牙鬚，會令變滅隨妖狐。山域伎倆徒區區，毒氛安得留須臾。伺人暗影胡為乎，虎倀虎倀何其愚。

閱近詩自嘲

張風子胡為耳，擁絮號寒凍欲死。苦吟猶自日向雪窗裏，夢中得句不忍拋。往往披衣挑燈中宵起，吁嗟邯鄲學步既有年。究竟分毫未足擬，形似粗頭亂緒空復然。長篇大句了不止，邇來篇帙雜沓尤繁多。約略草本連朝三增紙，張風子乃耽此。何不脫手塵緣求赤松，安能齷齪屠狗之中泣燕市。會當棄之浩蕩從遊遨，看余海樹岳雲生足底。

放言

阿六生活真不惡，泉刀滾滾青蚨落。大笑清流投濁流，口不言錢命轉薄。眼前物化尤支離，楊真畫虎誰能託。書生習氣但罵人，落日秋風噪饑雀。丈夫何必定吐氣，拍手高唱烏鹽角。不如辛苦鑄銅山，急來聊且抱佛腳。

泰安山口道中拜李少厓先生墓〔註29〕

歷歷塞雲墓道荒，竭來景物總蒼涼。百年絕學留三脈，隔世通家重一堂。細草芊綿迷鼠鼬，亂山高下見牛羊。薪傳冷落悲蕭瑟，展拜無由續瓣香。

三月九日造水村先生，時杏花初開，今已一月，重複得晤，因題

高齋睡覺眼昏昏，倚遍閒闌不出門。別後思君三十日，夢魂猶在杏花村。

重造郝水村先生賦贈二首

驢背行吟到此鄉，潛身再拜使君堂。時傾美酒歡無極，得讀佳詩喜欲狂。南畝奇懷擬彭澤，北窗高致晤羲皇。書成自足垂千古，好向名山裏面藏。薄宦歸時戶懶開，田園足樂興悠哉。階翻紅藥春纔去，甕熟新篘客又來。眼闊獨參榮辱案，心雄總括古今才。年當五百推名世，更有何人敢上臺。

呈懷郝水村先生仍次前韻

模糊兩眼為誰開，老遇知音一快哉。灤上幾人交盡絕，村中一叟我重來。也知性癖耽佳句，敢謂心狂敵妙才。曾憶歷亭舟繫處，醉辭仙侶獨登臺。

神槐歌

紙錢掛樹陰離披，香花雜杳來參差。世間怪異總如此，樹本無神人神之。鄉里小兒多好事，江叟道術何詼奇。天風吹入靈仙閣，顛倒醉臥魂猶迷。那堪拋卻兩京道，三周甲子能幾時。不為梁棟甘朽蠹，空心火燃流膏脂。社鼠尚欲□盤據，紛紛蛾子徒爾為。華表老狐亦足慮，荊山行訪鮑煉師。枯竹換玉龍珠獻，物類感召誠可疑。水仙不死醒醐□，琴高之相非凡姿。不然得□殊快樂，白盡定許揶揄欺。詩成大笑飛符去，何妨更斫神槐枝。

簫鼓喧近市，緩步出幽齋。相欺素心友，油油樂與偕。傳歌競優孟，揮漢走輿儓。香風飄九陌，百伎逐人來。燈火連萬井，涼月光皚皚。遊賞罄交歡，豁然懷抱開。吾生貴適意，義氣凌九埃。罪勉和春字，自愧乏廋村。歸來但晏坐，燭燼紅雲堆。不酌金罍酒，空遲玉漏催。

玉衡旋寅次，三陽啟新正。彩勝傳人日，雲物占天晴。餘寒散簷砌，俯仰適我情。晨起撫柔翰，弄筆惺惺惺。和氣襲襟裾，披拂春風生。遙識金堤畔，

〔註29〕先生明大儒，先碩隱公少保公師事之。

柳條應發萌。綺園百卉芳，梅花香雪清。司馬足吟興，奇懷雲際橫。屬和繼幽響，流連品匯亨。長懷崔悢篇，琢句慚堅精。悠悠生遠思，令原懷弟兄。且盡當時歡，安知後世名。兀坐冷署中，蕭然對茶鐺。

郝鏡亭、朱遠亭復以疊韻千佛山登高詩見示，秋夜率而有作，即用奉寄

蠻觸何曾解息鞍，橘中仙侶尚樽盤。好閒未覺時光迫，攬勝應從禮數寬。狂為學禪消減慣，懶因結習破除難。郝隆逸興知難敵，絕頂長吟眾壑寒。

囈語支離未足羞，歸來猶自戀奇遊。碧雲嶺上橫茶腳，紅樹岩前枕石頭。九日勝懷千佛地，一年好景萬山秋。無端根觸關心迥，香散諸天法界幽。

欹側秋山積玉堆，相看豪氣渺塵埃。仙岩據石思孤往，佛閣聞經記再來。漭蕩天風催客去，參差野菊向誰開。卻慚獨折朱雲角，次第催詩險作災。

掩關趺坐寂無鄰，好句傳來疊韻新。癖愛煙霞空結伴，橫開壁壘正驚人。山中勝蹟遊全好，燈下枯腸索更頻。靜夜閒庭猶病酒，起看星斗掛宵旻。

再疊前韻

筆陣馳如試駿鞍，詩鋒迴似簇山盤。興酣轉惜遊懷狹，思澀翻嫌韻腳寬。節到九秋蕭瑟易，人逢中歲休吟難。不緣勝友招攜去，臥對西窗清晝寒。

徒手應增白戰羞，青山無恙待重遊。花因笑客時開眼，石為招人欲點頭。更可相隨入初地，尚能遲話坐殘秋。試尋昨日題糕處，古壁苔封曲徑幽。

蟻垤封窩漫幾堆，掠人心事靄浮埃。俱知夢有煙鬟繞，獨怪心隨翠嶂來。多客幸多良友助，看山合有好懷開。奚箋從貯荑囊滿，狼藉揮毫足厭災。丹椒是處有僧鄰，梵唄聲高佛號新。夙分皈依長住院，何妨真作浪遊人。一林月色橫秋遠，三徑松風入夜頻。贏得蕭涼狂不寐，苦吟獨自對高旻。

追詠龍洞紀遊詩，再疊佛山原韻，即寄水村同學，兼呈難兄鏡亭

郡城曉日促吟鞍，奇語峻嶒韻屈盤。共指東南蛇徑渺，相隨下上雁行寬。懸蘿臨水攀騰便，絕澗侵雲渡越難。窈窕尋芳虛谷裏，碧天一線破空寒。

山靈不洗俗顏羞，聊作匆匆半日遊。未徧奇蹤龍洞口，空饒興峀湖頭寺。邊逢客海棠路天，際懷人花萼樓秋。安得一樽重載酒，書堂剪燭細探幽。

古剎陰森塔影堆，金風和露掃紛埃。嚅吟唧唧依階下，螢火星星傍袂來。白菓樹涵山翠滴，黃昏月倚石花開。僧房席地通宵坐，不信人生有劫災。

閟境深涵結石鄰，一泓秋水百花新。山亭檻外乍聞雨，林汲泉邊時見人。格磔禽雛鳴澗切，蒙茸松子落簷頻。那堪又作蕭晨散，馬踏青莎悵遠旻。

李念橋見和登高詩即事奉酬

豪氣全消怯據鞍，步虛危磴一盤盤。顛張浪漫遊原拙，仙李風流懷共寬。海底尋針當境錯，燈前覓影會心難。多君好我吟秋色，雪氣穿窗鐵硯寒。

丘壑緣甘肥遁羞，幾番屈指記曾遊。蓬根卷地飄羊角，石齒貼天蹲虎頭。遺二句。禹登佛慧經行處，平占東南一派幽。

浩然獨上拂雲堆，回首行蹤隔遠埃。晴巇惟容飛鴿到，陰潭時有蟄龍來。風梳石髮紛披墜，鳥啄苔衣細碎開。牢落乾坤容放浪，狂遊消盡一生災。

信芳契與左為鄰，靜院愔愔寄思新。班鬢簪花狂博士，葛巾漉酒醉詩人。抃從月底揮毫劇，圖向風前擊節頻。他日芒鞋邀作侶，岳雲海樹壯秋旻。

無夢軒詩一卷

〔清〕桓臺于桂秀撰

點校說明

    于桂秀，清代山東新城（今山東桓臺）人。父崇超，字潛齋，邑庠生。弟汝楚，字方城，精通書法。于桂秀幼時聰穎，文思敏捷，隨父學習，讀書甚多，是其弟數倍，尤以寫詩顯長，世人稱為「于才女」。及笄，適淄川張相國元孫廷敘，為張廷敘繼室。著有《無夢軒詩集》（或稱《無夢軒稿》），故自號無夢。

    于桂秀《無夢軒稿》早已散佚，今僅存《無夢軒詩》一卷，為清代淄川王佳賓鈔本（附《蒼雪齋稿》後），山東省圖書館藏，《山東文獻集成》影印。《無夢軒詩》包括五七言律詩、七言絕句、七言古詩等各種詩體共計三十九首。于桂秀工詩歌，亦善作詩序。王培荀《鄉園憶舊錄》稱于桂秀「通書能詩，嘗作《紀夢詩》，有序。云見高山大水，宮觀秀麗，金蛇玉兔，惝恍迷離。文甚怪偉，後來多驗。詩僅七絕一首，略見大意而已。《續山左詩鈔》僅取此詩而遺其序，可謂買櫝還珠，在集中亦非出色之作。」

    此次點校整理，以山東省圖書館藏清淄川王佳賓鈔本為底本，施加現代漢語標點。詩集原注均以腳注形式呈現，底本中的異體字徑改回本字，不再出校。限於點校者學識，書中難免存在錯訛之處，還請專家學者批評指正。

尹勇力

二〇二四年元旦於山東理工大學

無夢軒詩一卷

清明

春山重疊靄雲橫，芳草如茵映碧空。紅杏林中花片雨，綠楊影裏酒旗風。巍峨古刹晴煙繞，宛轉河源野水瀜。曉起憑欄極目望，清明何處不芃芃。

塞下曲〔註1〕

雲寒天凍雪爭飛，戰士橫戈臥鐵衣。安得薊門飛將在，冰山一鼓解重圍。

姑蘇懷古

蘼蕪生遍館娃宮，蘭徑香銷麋鹿蹤。幾度夫椒悲往事，青燐白浪哭秋風。

詠史

常邀醉舞媚君王，南海驪山驛路長。王輦匆匆奔劍閣，馬嵬爭似荔枝香。

園亭

碧水澄波躍錦魚，翠添綠竹柳新舒。東風是處千金薄，況值黃梅細雨初。

弔綠珠

繁華消息竟如何，玉碎香銷恨轉多。惟有冰操似江水，涓涓依舊漾清波。

和真州晚泊

帆輕浪急過真州，兩岸青山望裏收。斜日回塘繫纜處，一聲漁笛暮江樓。

〔註1〕為五前莊大伯崇楷從戎八里昆三年之作，以生員入勇健營從戎。

和漸臺

颯颯江頭暮雨來，風高浪急疊相催。姜妃埋骨知何處，腸斷昭王舊漸臺。

和梅師原韻

紅葉蕭蕭印綠苔，野雲覆處枳籬開。煙霞洞僻無人到，中有仙翁自往來。
時有東風掃暗苔，山青水碧野桃開。白雲深護武陵路，未許漁人放棹來。

夏月

洗露風清小院涼，蓮花深處醉瑤觴。裁詩未就東山句，香滿衣裾月滿廊。

和海棠

不帶流鶯不帶蟬，月中霜裏鬥嬋娟。銷魂別有豐神在，羞煞楊妃被酒眠。

中秋夜月二首

□淨天空露滴階，嫦娥笑擁鏡奩開。扶疏桂影當窗見，收拾秋光自剪裁。
香靄金壚風露清，湘簾高卷月華明。夜深小醉芙蓉閣，遙聽姮娥弄玉笙。

春暮聞鶯

春色依依映畫樓，竹簾小立上銀鉤。迴廊處處聞鶯語，梅子初黃柳尚柔。

初夏

雨過園林花草香，蕭蕭綠竹弄新涼。一雙乳燕迎風舞，數點新荷蘸碧塘。

詠鸚鵡

愛傍晴窗整綠衣，曉風頻喚下簾幃。只因自識靈機巧，不向深山窮谷飛。

金陵懷古三首

星移物換六朝非，虎踞龍蟠王氣微。惟有去來江上雁，秋風秋雨故飛飛。
採菱人散香歸水，夾道煙花翡翠迷。燕鵲不知興慨地，朝來暮去綠楊堤。
古木寒雲六代宮，寂寥香徑野堂紅。可憐玉塵風流盡，江水千回卻向東。

瓊花臺

錦纜牙檣久寂寥，無情山水自迢迢。只餘廿四橋邊柳，歲歲春光發綠條。

宇文金鼓下揚州，別院瓊花一夕休。莫向雷塘尋舊跡，只今草木尚含羞。

金陵懷古

故宮漂泊浮雲外，朝市潛隨日月銷。宋帝江山春寂寂，吳王伯業水迢迢。空餘勝蹟留三國，不見煙花羨六朝。虎鬥龍爭緣底事，夕陽西下老漁樵。

述懷

學罷禪機更學仙，親參秘笈歷經年。要從濁霧開神鑒，會向洪濤駕慧船。悟到曲通琴破柱，化成脈望字飛天。塵埃滾滾三千丈，獨我朗吟顛倒顛。

讀列仙傳

超凡入聖弗為難，滾滾紅塵白眼看。世事如棋何處著，願隨雞犬傍劉安。

記夢

夢也非耶意太顛，紅塵回首總茫然。也知玉兔牽情思，不辨金蛇攪睡眠。劫盡水中堪浴日，功成火裏好開蓮。疊陽左髻空如許，一縷青絲欲化煙。

詠梅

雪映中庭樹，花開廋嶺春。敲詩常愛月，沽酒莫辭貧。瀟灑蘭為友，堅貞竹作鄰。襄陽多逸興，冷處著精神。

詠楊柳

綠煙金穗不勝情，風嫋垂絲踠地輕。春色著人多少恨，玉門關外一聲聲。

石帆亭懷古

一帶荒煙暗古亭，夜深滿地舞流螢。當年碧瓦埋芳草，終古青山敞畫屏。春至鶯聲傳樹杪，秋來燕語向簷鈴。漁洋勝蹟猶傳說，午夜攤經柳色青。

鶴翎杖歌

九皋禽去秋無跡，脫落乘軒足一隻。回風吹作青琅玕，截與頑仙入山策。輞川傳自匡廬公，珍如五老金芙蓉。至今一片圓橋月，猶在先生衫袖中。蓬丘閬苑隨雲絆，雪氅肩挑花蒨絢。愛我瑤臺露氣清，攜來松下敲門扇。林間為置舞仙螺，醉扳粗節三摩挲。須臾人亦與俱化，語留華表奈公何。

無題貳首

桃源主人才八斗，平生未倦哦鬆口。鼉鳥朝凌萬壑飛，虯節夜入千龍吼。問君那得健如斯，荊棘除胸柳生肘。壺中別貯小乾坤，清隱山房妙絕倫。採芝不上君王殿，放鶴常依處士園。聽歌昨自琅琊見，花拂綸巾酒潮面。紅袖筵前聚若星，烏衣巷口歸如電。門興駟馬萬夫雄，氣吐白虹長互空。一枝寶籤傳神使，數點松煙隱化工。何日相將拾瑤草，鐵山南畔錦湖東。

金火相媛了不休，倐然花甲歷三周。白雲留得青藤住，袖拂天風十二樓。

雪中賦

最宜冷處著精神，妝點簾櫳色色新。一夜堆鹽繞林樹，半林積玉待遊人。吞氈蘇武心原壯，臥地袁安志不貧。檢點詩思何處是，灑然驢背灞橋津。

戊寅元夜追霞兄丙子元韻

三載羈人一夜遊，此邦景物信風流。千門簫鼓遙連陌，十里花燈盡映樓。亦有妻孥觀舞鳳，自無士女避鳴騶。不須更問予心樂，綠蟻黃柑飲莫休。

園亭四首

碧水澄波躍錦魚，翠添綠竹柳新舒。東風是處千金薄，況值共梅細雨初。榴花豔豔水溶溶，不卷珠簾見遠峰。靈石覆階穿玉筍，碧波荷葉影重重。桂吐清香繞玉樓，水晶簾卷望新秋。一輪明月塵心淨，卻笑情癡是女牛。天凍雲寒風栗烈，瓊瑤萬片聚飛鵑。憑欄貪看梅花開，回首青山化玉山。

小桃源莊

幾回疑是桃花島，屢聽溪頭弄玉笙。洞口秦人如借問，而今楚漢已銷兵。

蒼雪齋稿

〔清〕淄川王佳賓撰

點校說明

　　王佳賓，字岩客，清代山東淄川人，諸生。一生鑽研古學，享有盛名。乾隆四十年（1775），知縣張鳴鐸聘王佳賓參與縣志修訂。他廣泛考證，與張廷寀同纂《重續淄川縣志》八卷。是志成於乾隆丙申（1776），《凡例》云：「邑志續修於乾隆癸亥，迄今已三十餘年，其間人物事蹟，皆分類續補。輿地建置諸志，亦補其遺，間有訂正。」其人文筆古雅，能詩善文，著有《蒼雪齋稿》。

　　《蒼雪齋稿》，由王佳賓平生所作之詩輯成，原稿詩作不下萬首，又有古文集數種，攜以自隨，盡毀於火。《國朝山左詩續鈔》引《劉蓬亭希莊傳》云：「先生銳意古學，才名噪甚。乾隆丙申，邑宰延修邑乘，考徵博洽，文筆古雅。中年喪偶，二子亦亡，孑然一身遊江南。生平所作詩，號《蒼雪齋稿》，不下萬首。又有古文集數種，攜以自隨，盡毀於火。未幾卒於亳，寄葬焉。」今存稿本一卷，存詩一百五十二首，甚為可惜。觀其體，則律詩、絕句以至古體雜詠，無不工巧。讀其詩，則紀遊、詠物乃至酬唱贈答之作，皆有佳句。

　　此次整理，以山東省圖書館藏清稿本為底本，施加現代漢語標點。詩集原注均以腳注形式呈現，底本中的異體字逕改回本字，不再出校。限於點校者的學識，書中難免存在錯訛之處，還請方家批評指正。

　　　　　　　　　　　　　　　　　　　　　　　　　　　尹勇力
　　　　　　　　　　　　　　　　　　　二〇二四年元旦於山東理工大學

蒼雪齋稿

種芭蕉

小苑清閒碧蘚滋，芭蕉新種影離離。芳心未許東風折，幽恨惟應夜雨知。幻夢幾多同復鹿，揮毫無事更臨池。彈文苦為蘭萱庇，政恐東陽瘦不支。

秋夜

夜露瀉有聲，明河淡無影。風動叢薄間，瑟瑟豆花冷。

客舍感秋

風蟬歇高樹，薄暮野雲收。萬影皆涵水，一天並是秋。離懷煙外笛，涼意竹間樓。嫋嫋西風晚，能無動客愁。

晚眺

秉志適林壑，迢迢溪路通。披蘿穿詰曲，緣磴出蒙蘢。煙拂長川白，山連夕照紅。歸途不覺晚，早月映天東。

溪上

漁竿拍拍逐輕鷗，十里菱花信碧流。落日微風起清渚，桃花飛上釣人頭。

入山經南郭

迢遞尋山去，寒風晚氣清。危橋當衝路，二水抱嚴城。人影含秋色，濤喧雜市聲。東南遙指處，無限翠屏橫。

旺里

渺渺金穀水，流過畫樓前。勢焰一消歇，白首復誰憐。平泉玉象飛，朱崖
路八千。可憐醒酒石，知落阿誰邊。古來豪華士，鮮能保百年。而況此區區，
過眼如雲煙。絃管寂春風，賓客登他筵。神理難永存，經畫亦徒然。不若一杯
酒，能居造化先。荷插劉伯倫，千載仰其賢。

龍王崖

應是巨靈鑿，嵯岩石磴長。下臨極深黑，仰視但青蒼。一水沖洄漩，諸峰
列劍鋩。無端輕冒險，三復念垂堂。

望太平山

淄流曲折來從南，一重一掩窮幽探。跋涉自午未曾已，西日射面生紅酣。
山根人家傍灘住，不憚風波如鮰貪。水窮徑盡露幽峭，雙峰突出槎枯簪。旛□
隱隱露紺宇，得無道人結蒲庵。中間十里平如掌，樹色蒼古浮晴嵐。神漿噴灑
飄素練，怪石參差舞驚驂。白道嫋嫋須蟻附，略徇斜斜劇刀銛。夙聞馬鞍東南
勝，蓮華青雲疊成三。苦為物役根塵隔，悵望何由得徧參。桑下三宿尚生戀，
一過徑去無乃慚。會待他年事禪誦，徑持瓶缽來同龕。

亭子崖

田家傍山住，溪澗繞柴門。日落人爭汲，天寒木盡髡。杯盤隨草率，風物
減雞豚。偶值同鄉客，依依話故園。

殺馬嶺

崎嶇入谷中，舉足盡榛莽。兩峰束微軀，眇眇獨前往。首俯居漸高，蛇徑
攀緣上。天氣正當午，日光不盈掌。數步乃一歇，披襟受西爽。平生貪妄心，
到此絕思想。歷時乃造巔，豁焉見疏朗。氣極汗未停，目定神猶恍。何處披雲
人，樵斧丁丁響。

下嶺

嶺巔得古祠，暫就松陰憩。回首謝巉岩，坦步自茲始。數武見深黑，茫茫
浩無底。黃草長如人，不復辨前趾。古苔冒石滑，敗葉隨風起。魂驚思紙招，
力倦須竹倚。五里勢漸平，稍得息岩址。遙遙辨村落，潺潺聽流水。清淑異人
間，得無桃源裏。移石表行蹤，屈指記道里。他日倘重來，休令迷尺咫。

望三教堂

幾涉艱危選勝來，化人樓閣半巖開。自慚未歷塵沙劫，剛被神風引棹回。

柬友人

仲冬天氣倍晴明，敗葉殘花尚有情。招隱久拚儕鹿豕，著書不為趨時名。鏡中白髮愁難鑷，海上青山計未成。見說故人同此意，擬將蠟屐了浮生。

安心

安心無處覓行蹤，強向巉岩策短筇。蚤識枝頭梅子熟，西來只在布毛中。

喜雪

傍晚雲如水，溶溶雪意生。曉眠停雀噪，開戶訝山平。竹僵寒逾翠，堂虛跡倍清。鄰家送新醖，斟酌小窗明。

蒼雪齋

麗農山人如孟郊，抱膝日作秋蟬號。蒼雪齋剛似蠻帳，門前碧竹森相向。山人種竹知幾年，撐霄蔽日含雲煙。妻孥瑣細不足較，哦詩對竹心陶然。東風昨夜抽新節，香籜紛紛落如雪。礌砢不受塵埃侵，清姿要鬥冰霜潔。風流文采世應稀，繽紛紅紫徒新奇。要知孤詣無人解，惟有竹中高士知。

五月苦熱柬高來章

簾影垂垂暑氣侵，梅黃節候不成陰。荷當赤日難檠蓋，燕坐雕梁懶出林。濡首竟誰投河朔，臨流端欲學浮沉。羨君高臥元龍榻，獨對薰風敞素襟。

喜雨

一雨回野色，浩綠芃芃起。霡雲誠格天，氣數偶然耳。〔註1〕種豆勤農夫，撥棹欣舟子。予田雖不多，薄收亦堪喜。明日沙溪頭，垂綸釣秋水。

少年行

霞鞍駿馬縈茸喪，踏遍春風處處樓。落日搖鞭背花去，任人呼喚不回頭。
風塵塞上未曾收，撫劍常思赴國讎。夜半登樓天似水，笛聲吹出古涼州。

〔註1〕時禱雨有應，故云。

寄慰高二雪庵

多君落拓強工詩，孟浩遺身更不疑。見說林園今易主，故人誰寄草堂貲。
海上青山計總疏，驅馳空谷費跼躅。羅含故宅仍無恙，千載惟應庾信居。

南溪

流水娟娟草徑滋，水漢花畔立移時。無端又逐蟬聲去，驚起前灘白鷺鷥。
鳴蟬森木似南池，猶憶先人手種時。二十年來伐略盡，經行空歎黍離離。
豆葉疏疏水滿塘，小橋流水點秋光。啼鶯那及春聲好，遮莫昏鴉噪夕陽。
不問山巔即水濱，風前側岸白綸巾。回頭寄語蓬萊侶，一片閒云是我身。

對雨悲秋

漸覺西風嬝鬢絲，淒涼禪榻病支離。愁腸已自逢秋斷，況值瀟瀟暮雨時。
蘭蕙蕭條漸已休，離居誰為寫離憂。前生應負多情字，纏惹秋風慣得愁。
畫簾終日對潺潺，一片殘花錦石寒。無味悲秋欲愁絕，更無心緒倚闌干。

南溪晚步

漸有蒼蒼色，蘇溪傍晚過。水高沙磧小，雲起亂峰多。霜蓼明近眼，歸牛
寒渡河。寥寥獲異賞，朝市任蹉跎。

秋夜露坐

向晚息所務，蕭蕭關竹扉。悠然飽饘粥，農語情依依。月上知林靜，風疏
覺露稀。田家習作苦，軋軋動鄰機。

和高來章西山之作

極目高原上，秋客似鏡空。泉飛紅葉裏，鳥度翠煙中。落日低群嶺，長天
汲遠鴻。一聲樵唱起，蕭瑟怯西風。

九日唐家林登高

迷離秋影近斜暉，選石安樽傍翠微。黃菊酒香人乍起，丹楓葉落雁初飛。
誠尋廢壟殘碑在，欲弄殘簫舊侶稀。坐久不知風露冷，隔林新月上秋衣。
久因多病罷登臺，勝地招邀霽色開。白嶽天高嵐氣合，青齊日落海風回。
千秋栗里人何在，一代牛山事可哀。莫向花前紛感慨，勸君且覆掌中杯。
去年閉戶愁風雨，今歲登高興倍長。桑落新傾白墮酒，橘色小劈洞庭霜。

一時劍氣蒼精合，十里泉流綠芰香。卻望東蒙三百里，臨風與客憶劉郎。〔註2〕

詠庭中花木

北方九月橘已黃，凌晨小摘含露香。不羨會稽王內史，封題直待洞庭霜。
風流合得伴溫成，冰齒芳生玉液清。若使楊妃當日見，不應閩荔擅珍名。
清祓驪山夢乍闌，起來無力整妝殘。曉霞欲散風還定，鬢亂釵橫翠袖寒。
月浸空庭笛簟新，好花相映鬥精神。自憐未到絲綸閣，誰識當年白舍人。
散影翔風欲拍肩，朝開暮合鬥妖妍。世間歡好君能主，月老殷勤亦偶然。
正月桃花照眼繁，幽姿應得續梅魂。憑將臘酒銷冰雪，放盡寒香不出門。
不教蜂蝶暗偷香，早向東君壓眾芳。昨夜花神散青榜，風流合讓探春郎。
虬幹輪困費剪裁，綺窗棐几伴寒梅。憐渠未是金華客，也向春風瑣細開。
甘菊花開壓徑香，南陽曾藉駐靈長。仙家服食真奇品，不似菖蒲誤漢皇。
曾否丹心向日傾，嫩黃片片太輕生。鬢絲禪榻無聊甚，閒看葵花朝暮榮。
湖州太守太貪饕，千畝封侯亦自勞。何似山人茅屋底，一枝蒼翠卷秋濤。
翠袖單寒掩淚痕，斷腸應為怨王孫。夕陽簾底偷逢處，疑是亭亭倩女魂。
庭前草草兩三枝，糁白夭紅獨弄姿。疑向夕陽篷底臥，蘋花風起夢回時。
料理間庭未有涯，春耒移得廣陵花。明年預想開成錦，倩取齋奴步障遮。

聞高雪庵將移居蒙陰賦贈

東蒙遙指賦新居，往跡都成感慨餘。閱世漸看雲影薄，移家應待柳眉舒。
深山木石供吟嘯，廢徑蓬蒿擬掃除。從此直塗任來往，盡拋塵念上清虛。

何妨小隱向林丘，大海新維不繫舟。荊樹漸分兄弟樂，橘花幾為子孫愁。
山川百里人應異，城郭千年鶴再遊。〔註3〕西望竹溪知不遠，謫仙蹤跡試相求。

當年葛令恐難如，家具由來尚抵車。溪上琴聲虛歷歷，樹中犢影待徐徐。
凌霜空羨征南雁，掉浪豈無向北魚。瀑水飛湍嚳嶺月，不知底處動援書。

幾年城市學埋頭，剩有心情寄白鷗。負郭每教慨季子，識人誰辦作荊州。
書來閬苑君先往，路隔桃源我尚留。他日終期傍仙境，可能容得舊羊求。

對雪簡高來章

清寒入詩骨，彌望盡蕭森。漸失林巒影，時聞風竹音。崢嶸逼殘序，淒厲

〔註2〕時劉揄秀有蒙陰之行。
〔註3〕高氏祖居本蒙陰。

感重陰。借問閉門者，悠然天地深。

苦寒行

凌晨出門去，不暇辭朋儕。霜風刺馬骨，千里白皚皚。哀哉從軍人，慷慨荷戈來。鐵騎冰上渡，玉帳雪中開。既登單于壘，旋上李陵臺。回頭望故鄉，浮雲翳黃霾。生死阻親故，淚下如綆縻。將軍方晏會，簫鼓急春雷。蒙茸貂鼠裘，錯落黃金杯。寧知偏裨士，凍顏如死灰。安得古飛將，一語春風回。

雪霽曉行

雪霽北風急，清晨踏凍行。殘鐘殷遠寺，初日背高城。煙竹幾家隱，雲松十里明。漸看氣霧歇，繚繞玉屏橫。

過張氏弟書感

牽情未解斷根塵，往事淒涼倍愴神。香骨驚心埋五勝，夜臺憑夢度三春。玉闌花謝鶯啼雨，妝閣簾開燕避人。追憶幾回成悵望，欲將鈿合詢前因。

人日

人日登臨好，清溪漾綠蘋。山猶帶殘雪，衣不受微塵。歷歷前津樹，匆匆渡水人。壯懷愁漸減，空對物華新。

花朝

春寒風物減，憔悴到花朝。夜雪封幽谷，晨煙鎖翠條。擁爐成寂坐，把卷愧無聊。記得江亭飲，桃紅入座搖。

蒙童詩

不信齋居靜，愁看暮復朝。亂嘶蟬嘒嘒，競動髻搖搖。低語防人聽，斜書伏案描。藏鬮贏號帖，穴壁貯詩瓢。塗面疑神鬼，潛身似鼠貓。間分簷下溜，睹記市中謠。聞喚忙難住，聽差喜更跳。彎弓偷射屋，截竹學吹簫。結黨朋誰正，出師陣易橈。牽絲弄傀儡，剪紙飾金□。口作鸞鑣響，身為鳳翼翹。牆隅啗糗□，樹底捕鷦鷯。催起先噙淚，將歸盡折腰。客來嫌去速，日永恨難銷。空肚茶頻喝，栽花水屢澆。掣簽爭出入，問字亂喧囂。無事忽偷笑，喬聲怪討饒。驚人蟲趯趯，盡日耳聊聊。如入玃猱洞，看行勃窣橋。始知不屑教，養正費宣昭。

即景

宛宛清溪路，休花勒淺紅。鐘聲知近遠，岩壑響松風。

鳳臺詞

鳳臺十里錦雲舒，春崦鐘聲禮罷餘。底是芳時頻誤卻，年年風雨送仙車。
繞過花朝競賽神，叢叢羅綺鬥鮮新。更闌露冷愁歸去，十里香車輾路塵。
柳染輕煙草染黃，青春結伴向歌場。松風日暮神靈雨，吹落花鈿滿地香。
一種淒涼知為誰，廢樓漸見草離離。遊人不上棠梨墓，獨對東風憶故知。

〔註4〕

讀鳳臺詞漫賦誌感

張廷敘

死生三世感交情，風雨年年泣鳳笙。從此人天兩消歇，故園回首暮雲橫。

孤館

孤館愁獨坐，春風腕晚時。芹泥融欲徧，燕子不曾知。

春陰

眠起春陰薄，山村罨畫中。杏花青旆雨，楊柳板橋風。徑曲侵芳草，禽閒
立晚叢。濛濛遠山色，猶帶夕陽紅。

對梨花

偶折溪南雪，將來瓶裏看。不教塵豔雜，猶帶露光寒。簾卷迎黃蝶，風微
嫋玉盤。祇嫌寒食過，春意漸闌珊。

題八馬圖

圖中八馬誰所畫，十二天閒索高價。浪花如雲飄滿身，隅目夾鏡金精射。
漢皇郊祀歌太乙，穆滿周歷窮西夏。龍種不自人間來，世上駑駘莫深訝。春風
三月杏花稀，苜蓿初肥草堪藉。奚官縱牧向高原，玉虬金鞭驕不下。飲齕俯翹
各有態，爽氣雄姿紛變化。騰躍閶闔浮雲愁，蕩搖波浪水族怕。連年括馬奉官
府，不論逸足兼泛駕。朱提競獻贖驊騮，民間私匿罪無赦。時來貴賤那可論，

〔註4〕張榆村先生居在臺北，墓在臺南。

蹇驢卻覆香羅帕。嗟我骨相坐寒薄，十年官馬無由跨。何如飽向畫中看，醉後不憂官長罵。

雨霽野望

山村一夜雨，小橋水逾尺。蹋泥事幽賞，臨風岸巾幘。芳草繚遠青，峰影堆重碧。參差麥苞吐，窈窕雲氣白。安得沽美酒，對此成酣適。坐玩沙禽姿，一一事格□。

高雪庵移居三里溝賦贈

昔聞己小東蒙廬，為後樓遲尚故墟。挑去杖頭楊處士，移來壁立馬相如。一灣流水青蘿繞，十里晴花雉尾舒。莫向江東誇二陸，依然兄弟兩頭居。

歷盡艱危白髮新，飄零何地不傷神。黃塵鬱鬱倦為客，白日悠悠苦傍人。芳草一杯溪上酒，海山千里夢中身。平泉富貴無多假，為語榮期莫厭貧。

郭外煙村隱澗阿，紫霞遺跡舊經過。背城古路人來少，繞屋清流月占多。猿岫龍巒餘彷彿，蔬畦芋壟漸嶒峨。杜鵑聲裏春光老，更待荷香把釣蓑。

苔滿閒階草滿除，蕭然吾亦愛吾廬。寧持白馬先生論，不上金門待詔書。蝶板鶯簧花月債，青鞋黃帽海天居。山中息壤言空在，安得瓊田手自鋤。

贈李繼先用坡公清虛堂韻

蒲葉渚邊鷗占沙，審雨堂中蟻排衙。世間萬事祇如此，富貴過眼成虛花。沙堤門內宅鱗比，數間老屋隴西家。當時上客矜駟馬，曉起絡繹連昏鴉。誰憐埋玉僅十載，諸子零落如殘葩。鰍鱔騰躍狐狸笑，怪事得無煩梳爬。我時畏人方閉戶，撥悶但飲趙州茶。少年意氣盡消減，營門敢肆漁陽檛。羨君懸壺能繼志，念舊不覺生諮嗟。詩成揮翰向落日，雨腳冉冉明殘霞。

和聽風歸誦經　原唱張訥齋

巾幗侏儸絕世因，還將言句惹微塵。翻經白足聽差異，學語黃鸝道未真。林下莫疑歌利女，香南好作散花人。知鄉結習銷難盡，重現法華轉後身。〔註5〕

雨霽學畫戲作

柴門閉幽巷，繞籬植叢竹。紅花破春風，翠薜蔓夏木。中有裋褐翁，經句

〔註5〕用開寶寺僧事。

髮不沐。避俗遠褈襭，養閒攻節目。梅雨曉忽晴，錯磨峰巒畫。好鳥枝頭鳴，閒雲簷際宿。潑墨事揮灑，驟雨成六幅。塗抹苦未工，刻鵠乃羞鶩。不如黑甜鄉，滋味清而熟。

明月篇

桂樹團欒極，迢迢聳碧潯。雪明瓊島外，花臥玉階陰。繡闥簾初卷，銅壺漏欲沉。流光凝翠袖，楊彩拂瑤琴。腸斷班妃扇，愁成蕩子吟。枝頭翻不定，曲裏怨難任。冷落秦宮鏡，淒涼楚戶碪。紅閨今夕淚，滄海未應深。

火蓮行　為靜持居士作

神仙之事或有無，青女被謫來元都。繡佛未了牽珠佩，夢契仙郎試虎符。仙郎家住般陽曲，骨重神寒氣清淑。舊德鬱鬱來伴鶴，雅操泠泠薦秋菊。聲名弱冠流傳久，詩酒肯落他人後。有時一夕賦瀟湘，不惜千杯醉銅斗。早年琴瑟紉芳蘭，帳底春風夜夜歡。豈意夢回飄墮瓦，可憐金鎖竟凋殘。凋金墮瓦慘不樂，香鎖翠蝕愁蕭索。人間無處覓稠桑，空向尊前奏花落。花落花開歲歲情，藍橋又得見雲英。從教古井雙釵折，別是天葩一朵明。鈿車轆轆來蓮浦，彷彿仙人離紫府。鴉鬟婀婧內家妝，鉄服飄飆羽人侶。自言家住萬峰間，曾向青林得秘傳。劫盡池中堪浴日，功成火裏好開蓮。與君相聚如蓬塊，莫觸憂子莫觸愛。只愁金火苦煎熬，翻使夗央成惡配。此緣未盡更綢繆，日照東南秦氏樓。讀罷金經還並禮，吟成白雪許互酬。光陰荏苒五星歲，玉兔金蛇添縈繫。本鄉回首路非遙，莫把元□生幻翳。辛苦年年養聖胎，紅霞天外隱輕雷。三生圓澤仍無恙，前度徐郎可記來。此時口訣親為授，一室光明若白晝。戶外叱吒萬靈趨，腦內鏗鏘五音奏。佇看頃刻易仙凡，弱水洋中試鐵帆。超形不傍聲聞界，服食何勞日月函。宛轉妙語成妖讖，烈焰騰騰迷心印。天關震倒玉蓮垂，鐵槳如錐敲不進。明朝溝水東西流，淚葉啼煙兩意休。疊鷺割髻空遺恨，北渚秋風別是愁。秋風淅淅蘆花岸，濁水清塵不可見。重修覺地懺前因，只恐歸來城郭變。多生魔障幾千重，青藤苦被白雲封。田園散後惟明月，兒女分離類斷蓬。解識金丹有變化，一任流鶯肆嘲罵。腸斷豐干問劫灰，心傷織女留雲帕。無夢軒中燕子歸，定新窩畔淚沾衣。淒涼莫奏迎仙曲，極目秦臺鳳不飛。

秋望

亭亭原上望，十里綠交加。拄杖遇山雨，西風吹豆花。流泉隨澗曲，歸雁

背人斜。自得田家樂，惟嫌鬢有華。

秋夜

遙岑掛片月，寂寂敞前軒。淒風喧眾族，清露墜草根。繁慮既以息，嗒爾竟忘言。冷然適道機，杳杳澄心源。

秋日晚望

近海涼風早，蒼蒼欲暮天。斷雲秋隼外，古廟小溪邊。犖确霞侵嶺，高低雪幕田。遙聞農唱起，回首颸寒煙。

雨中聞笛

雲水暗千丘，蒼範似晚秋。疏簾如不隔，望遠自含愁。綠樹扶疏長，清泉散漫流。何人吹鐵笛，逸興滿滄洲。

中秋夜雨從田父飲

簾卷西風夜雨漫，草堂蠟影罄交歡。從將酪酊酬佳節，敢以疏慵傲野冠。百歲無多人易老，一年得幾月同看。玉簫吹徹雲簾隔，飛夢何因到廣寒。

病耳

無窮亦解鳴，不飲亦自醉。帝江事淫巧，七日混沌斃。余髮久種種，左車復增累。所幸目未暗，五色猶能視。奈何前日來，右耳沉沉墜。中滿外臃腫，竟然疑有庇。枕席疑相摩，號呼被芒刺。頓塞蜂隱穴，凝聽牛鳴地。□誣頻貽譏，應遲慮獲罪。平生骨體強，凌競奪春媚。茲復日衰朽，焉得免眾棄。客或為余言，聾乃與癡類。惟著一味哭，庶幾罪有避。庸人徒紛嬈，世上本無事。不見復不聞，自消山鬼伎。藥物暫宜休，社酒更須致。落葉紛滿庭，山童擁竹篲。

湘江曲

渺渺碧湘沚，蕭蕭斑竹林。美人不可見，山水有遺音。怨入蒼梧夕，愁連夢澤深。回風蕩蘭芷，日暮成獨尋。

朝來曲

日華光映集靈臺，妝罷盈盈候使催。報導前宮排法駕，君王早幸集靈臺。

溪邊見白鳥

野水潺潺古岸長，飛來瞥見頂如霜。豐標未許文鴛並，來去翻憐紫雁忙。綠柳磯邊停素影，水菰花外立斜陽。梲心未斷緣何事，也似紛紛慕稻粱。

過董氏同馮文朗孫子孚等劇飲

數過君家犬不嘩，入門竹影半欹斜。蕭疏幾筆山當面，冷淡一枝梅著花。縱飲無妨烹兔腦，堆盤相競劈龍牙。勸君未醉休辭醉，霧雨濛濛濕絳紗。

高秋岩見過阻雪賦贈

歡會不可常，萍梗難為聚。時事苟相違，在近翻成誤。通市有闉門，深巷無枉步。何幸平生歡，飄忽來延佇。髮鬢各已蒼，意氣尚如故。感舊易生悲，論新多所誤。村醪薄似湯，晚菘肥於□。□譏竟忘疲，冉冉天色曙。殘雲屋角垂，折竹雪中露。彷彿海風回，吹倒三山樹。伊余秉微尚，常懷出此慮。雖忝丘園姿，未協滄洲趣。貧病漸已深，日月寧我顧。努力崇明德，相期保歲暮。

雨雪不絕

不信無晴日，朝朝起素濤。西床琴韻澀，南浦凍痕高。有客乞浮炭，何人贈綈袍。愁聞南去雁，清夜自嗷嗷。

晚過濟山泊

九龍山晚凍雲橫，野浦葭林路不平。茅屋數家臨水住，漁舟幾個似蓑輕。蘆花月淡鶴迷影，澤國風高雁有聲。惆悵墨王亭不見，寒波依舊漾空明。

北行即景

我騎瘦馬冰雪中，日落未落天濛濛。前行途路紆且遠，回首村疃低復重。狐兔騰擲竄幽壑，川原綿亙連高峰。人家竹樹細點染，岩巒雲氣鬱皴烘。陰森寒鷗器枯水，深潨哀潤瀉晴虹。圖畫徑欲煩好手，灑落不覺開心胸。但愁風霧漸淒冷，空思裘被□蒙茸。平生豪概半已減，雖有意氣難為雄。迢迢卻沿范水去，東村遙指孤燈紅。

閒甚戲作用陸韻

蹇拙人皆棄，摧頹事少能。庭堆前月雪，硯帶夜來冰。亦慕竹林逸，難尋蓮社僧。陀窮何許似，二鼠齧枯藤。

喜晴

至後陰愈甚，柴門閉雪中。窗分雲母白，爐借石燋紅。舊曆雜新曆，南風復北風。朝來聞雀噪，天地喜融融。

題畫

漠漠平田紫翠連，個儂合住水雲邊。斜陽已落月未出，荷□歸來山幕煙。

懷故館

燕子飛飛送好音，滿天柳絮結輕陰。不知故館花開後，寂寞蒼苔幾許深。

即事有調

家住王昌小苑東，殷勤青鳥幾回通。湘陵燕起寧為雨，巫峽雲回只自風。羅幌冒釵疑宛宛，玉窗留佩太匆匆。不須更作三生恨，誤盡襄王是夢中。

雨中柬王寶華

雨氣冥蒙蔽遠村，榴花竹葉暗柴門。溪喧雪浪回孤枕，蟬咽寒雲斷客魂。藥裹漸看生綠靄，寺鐘頻與報黃昏。君公只在牆東住，可得新詩一細論。

重陽夜風雨有作柬寄同人

狼藉秋光思不禁，薄寒天氣晚陰陰。蕭條孤館詩初就，風雨重陽夜已深。籬菊半開憐晼晚，青山無恙憶登臨。更期十日平原飲，爛醉花前敞素襟。

對雨

雲氣幕曉窗，簾外雨絲絲。不聞人語喧，孤煙嫋竹籬。秋旱隴麥少，播種欣在茲。殘花欹屋角，一二紅英垂。遠山不可見，疑望忘朝饑。翻憶感夏霖，蒼茫詠詩時。此景忽復在，歲序令人悲。徒然念黃落，搖盪失心期。

李後主

迢遞向汴州，思量無限愁。此中多眼淚，遙寄故園秋。

孟昶

簾外金波轉，清宵奈樂何。起來攜素手，自唱洞仙歌。

雜諷

楚楚庭內松，濯濯門前柳。二木亦何知，聲施得永久。齊景富千□，歿竟
不能有。君子貴得託，相期兩不朽。奈何趨利徒，雲雨生其手。不見蕭家奴，
至死為主守。

迢迢涉滄溟，下探龍伯宮。攬彼明月珍，光彩流晴虹。漁人遭其睡，盜出
重淵中。持誇市上人，寧知危厥躬。遭逢既不易，僥倖誠難終。

少小慕簡淨，不為鄰里喜。閉門與古期，案上羅經史。十年著一冠，五年
易一履。雖乏晏嬰貴，頗效原憲恥。肥遯古有徵，小隱亦堪紀。如何末世士，
所見乃異此。嗜欲喪天真，胸次盈秕滓。乃假金丹名，謂可愚鄉里。豈知古仙
人，聊借逃名耳。此事蓋有天，強致恐非理。不見向子平，終身累妻子。

題文徵明江山初霽圖

絕壁陡開合，筆意恣往復。微徑入岭岈，勢險無託足。峰腰得古寺，斷嶺
相繚曲。岩岫含景光，竹木帶清淑。彷彿絕壑外，初日照茅屋。屏回山忽斷，
江天曠無屬。隱約識歸舟，窈窕瞰平陸。光風泛蘭蕙，白雲霽心目。稚子暮候
關，農夫晨驅犢。招招者何人，似覓桃源宿。微生慕遐尚，未敢厭薾軸。覽圖
獲賞心，稅駕思託族。世事恐茫然，且盡杯中淥。

新雁

洞庭葉落天欲陰，新影斜斜度碧岑。避色先尋無戈地，乘時早具向陽心。
數聲響逐清湘遠，萬里飛投別浦深。最是月明灘寂寂，忍教莊舃不悲吟。

溪上小酌

西風乍卷霽雲開，塞雁紛紛萬里來。兩岸蘆花白似雪，一潭秋水碧於苔。
臨岐易下楊朱淚，看劍頻傾杜甫杯。卻羨忘機沙上叟，一竿斜日釣魚回。

病目

雙眸常似濟源清，岩電肯教獨擅名。底是一編猶在手，頓令五色亂相爭。
厭聽兒女嘲呢語，坐覺朝暾晃漾明。從此閉門習禪觀，兀然天竺古先生。

王孫遊

碧草萋迷蝴蝶飛，南園春色漸依稀。新來燕子呢喃語，應笑王孫不憶歸。

金谷聚

錦帳歌呼夜夜春，玉杯停處斬佳人。石家賓客粗豪甚，不及潘郎解望塵。

題漁洋先生像

方袍竹杖儼神仙，坐閱風光七十年。老去漸多知己感，才名早向至尊傳。行窮鳳嶺三刀地，吟遍羊城二月天。盛事不堪今日憶，石帆亭下颯寒煙。

湖上

湖波瀲灩錦橫空，蟹舍螺村望不窮。雁影低徊秋色裏，漁舟三五藕花中。夕陽山好青如黛，野浦堤回路似虧。欲問魯連向何處，茫茫煙景至今同。

大雪行

寒雲慘慘天色惡，打包歸來類行腳。映空飄瞥墮鵝毛，轉眼乾坤布綃幕。撲眉綴須珠磊磊，籠樹迷村煙漠漠。孤城回首看滅沒，時從皓渺露雙角。仙人罷簺塵亂拋，將軍射雁弓初彊。不知橫笛何處吹，聲聲似是梅花落。入門拂衣易巾舄，大呼索郎命巨爵。兒女滿前競慰問，盤餐羅列吟且酌。自笑閉處如新婦，出門數里雜憂樂。慷慨灞陵橋上人，白馬三更氣恢拓。須臾雪霽風亦寧，微微孤月出林薄。呼兒覓紙醉題詩，明日出門海天闊。

清明雨中閒望

淺碧鱗鱗映遠洲，賞心未放此時休。杏花隔水偏留影，柳色依人欲上樓。粉蝶參差雲裏出，青山暗靄霧中浮。閒遊莫便匆匆去，一任催詩雨打頭。

三里溝

一帶人家傍水涯，荷塘葦岸繞籬斜。東風忽送濛濛雨，開遍閒園枳殼花。野岸苴涼石路欹，紫霞遺跡有誰知。斜風細雨催歸去，更為青蘿住少時。

雨中晚望禹王山

咫尺煙巒上未能，偶因微雨望崚嶒。雲埋半露峰腰寺，樹杪時窺佛閣燈。想像空庭懸橘柚，難從王會問園陵。明朝空蠟遊山屐，碧樹紅泉試一登。

明湖曲

楊柳垂垂杏子紅，小舟來往疾如風。羅衫沽酒唱歌去，家在西湖煙雨中。

龍山道中

自笑求閒未得閒，龍山催曉唱陽關。虎門水暖鴨將子，漁浦煙深花滿灣。一徑碧沉桑柘影，半峰青合女郎山。祇憐賈酒旗亭下，無復清歌按小鬟。

微雨過山村

煙斂村初見，岡回路乍迷。花明溪畔屋，柳覆雨中堤。古寺鳴松籟，春山叫竹雞。寥寥人境外，真似武陵溪。

即景

新晴溪上燕，高下繞漁磯。蒲柳依依綠，風花處處飛。沙痕經浪淺，雲氣入空微。漸覺人蹤少，煙霞滿夕扉。

阻雨歎

昔上繡江亭，三日水拍堤。出門咫尺不可辨，梟鷖哀叫風淒淒。今來共聚董生館，華燭清樽蓮漏緩。星河不動山悄然，把酒呼盧氣蕭散。濕雲夜半垂太陰，朝來微雨灑青林。犬不盡啼天色惡，崑崙倒卷洪濤深。可憐病榴皺紅襟，四壁如墨蛟龍吟。欲歸不歸愁寸心，樂事一往難追尋。經欲著屐沖泥去，荊棘橫牽聊且住。斷魂搖曳不成眠，四座無言天又曙。馮唐老去耽杯酒，此時相看唯袖手。翻憶結交年少時，豪華意氣無不有。春風走馬菅丘城，夜雪張燈淮河口。祇今白首更難論，輕肥意氣徒紛紛。君不見東西南北行秋雲，氓之蚩蚩非吾群。何如養雞兼牧豕，頹然坐策山林勳。老僧不見復不聞，那能更繡平原君。

初見白髭戲贈

韶光把玩似波馳，不覺秋霜上短髭。五字經營催我老，半生貧病賴君知。紫茰黃菊聊供眼，破帽殘衫不入時。三十六年無著處，從今蓬玉是吾師。

同張惇夫遊南溪阻雨宿蘇相橋

清溪繚繞白雲隈，溪上秋風雁影回。某水某山多遠意，一觴一詠記重來。千花繡壁層層錦，萬壑穿雲處處苔。搔首十年無一字，登高空羨楚人林。

石徑縈紆落葉堆，紛紛黃菊傍岩開。蒹葭兩岸雙鷗下，風雨千山一杖來。廢隴猶傳丞相墓，寒流不盡夜猿哀。誰言萬里易為客，一夕他鄉兩鬢催。

雨止

涼雨曉初止，輕霞欲半巾。土松花意活，風暖鳥啼頻。粥飯朝朝事，田家處處真。東南山色好，蒼墨橫嶙峋。

小市

曉市人初集，蒼茫氣漸分。風晴缸面酒，日暖海山雲。古堞明霜葉，寒流漾錦文。誰言山邑小，來往亦紛紛。

送家恒齋之武城

雪裏驅車作遠遊，一杯相送路悠悠。西風並過華陽館，〔註6〕斜日獨登灤水舟。花市紛紜喧古驛，竹枝哀怨繞層樓。絃歌廢後循良少，此去煩君弔子游。

冬日往長白作

微尚耽邱壑，屏跡絕紛慕。偶嬰採薪憂，遂闕賞心晤。逍遙眷茲辰，霜日麗寒素。攜侶二三輩，策蹇西北騖。敗葉厲修坰，遠峰收薄霧。泉紳岩際結，蜂房谷中聚。山坳氣候異，淡綠浮晴樹。丹壤千仞懸，白道一髮豎。煙村杏靄明，清淦曲折渡。歲遠迷舊蹤，景異多新趣。林杪餘霞映，澗底殘雪露。尋仙空懷想，採芝久淪誤。試問鹿皮翁，夕雲迷去路。

元日懷家兄有作

連夜頻夢君，謂君旦夕至。出門復入門，蒼茫寒日晦。威遲雪間轍，惆悵風中字。奄忽歲已更，燎火光照地。豈無柏葉香，獨酌不成醉。驅馳亦何為，徒甘紛埃事。景風東南來，悠然含春意。溪柳朝弄姿，煙竹夕涵翠。物情雖已愜，幽賞何由覯。莊生善齊物，閔叔矜高議。期君上元時，燒燈竹林寺。

經高秋岩墓下作

來時梅瘦雪紛紛，握手燈前悵別君。彈指玉樓何處是，青山紅葉映孤墳。
〔註7〕

寒食雨雪不斷偶作

一夜溪橋飛玉花，絲絲煙柳壓枝斜。寄聲巷口諸年少，空繫庭前白鼻騧。

〔註6〕張廷敘將之灤口，遂與同行。
〔註7〕秋岩嘗夢中得句云：「二十二年後，誰知玉樓空。」每以為異，其卒也，乃二月二十二日云。

雲來雲去雨霏霏，不覺南園景物稀。記得去年寒食候，杏花如雪撲春衣。
點點桃花短短籬，煙消日午酒船□。調青殺粉何人會，更寫清明雪霽時。

登黌山感舊

一別靈峰二十年，重來風景尚依然。金函玉笈淪秋草，琳閣瓊樓聳碧天。
春暖花明鶴嶺外，晝長鳥語洞門前。低徊雙鬢垂垂老，空憶當時載酒筵。

割麥詞

大婦腰鐮小婦筐，郊原處處割雲黃。中廚飯罷槐陰午，夾路風吹連畛香。

種豆

種豆東皋罷，看花北寺回。片雲明白塔，微雨熟黃梅。落落塵中事，悠悠
掌上杯。兒童差解事，行處護蒼苔。

雨霽

雨洗秋容淨，山當晚照明。悠然流水外，遙望海雲生。歸鳥漸戢翼，暮蟬
相與清。行逢鄰叟話，明日試新耕。

得家兄在武城信

近接西來信，知愆八月期。空傳過雁候，莫慰授衣時。結客悲公子，懷人
感鬢絲。翩翩蓮幕客，應共話相思。

雨霽晚望

秋風掃積陰，歸雲暮相逐。言從田間遊，遂縱平郊目。遠山含夕翠，流泉
被阡術。沿澗亂芳沚，繞塘飛屬玉。欣逢河上翁，依依話款曲。雨暘幸及時，
禾黍半已熟。稍聞南磵鐘，清響徹林木。流光忽四照，楊彩媚幽獨。繁露沙際
明，幽蟲草間伏。逸興慕元規，高飛羨隱鵠。即此榭勞生，無俟歌浩育。

訪劉榆秀小飲值雨

仲秋風日佳，微雲滅遙岑。行行度阡陌，果得諧幽尋。入門欣握手，濁酒
還共斟。臨窗玩新帙，山水激清音。飛雨從東來，庭際落寒陰。瘦菊梴新蕊，
歸鳥投舊林。念此未能別，寫志情彌深。欣合當世士，寧能共此襟。

夜夢李景文共話宛若平生，詢及死生鬼神事，則不應。及醒，以詩紀之

夢裏相逢是也非，白頭握手話依依。人間誰解憐狂客，地下猶知重少微。火宅抽身歸計早，秋風吹淚故交稀。憑君莫話無生事，月墮西岩可再輝。

山中老叟歌

山中老叟鑱一尺，日日山頭劚石碧。幾年踏盡海邊山，惟因賣藥到人間。短衣數挽顏如玉，飽啖山精飲溪淥。尋常世事了不聞，長嘯一聲振林谷。山頭雪霽藥苗新，老叟劚藥人不嗔。提籃日暮過溪去，還把山花詫世人。

對雪憶去歲桃花

去年二月雪壓屋，凍雲絡索封古竹。小桃花放不畏人，翠羽霓裳鬥清淑。今年春小氣偏和，惆悵花枝隨斧柯。瓊瑤滿地人跡絕，其奈尋簮索句何。

題法治上人畫二首

數枝濃淡繡成窠，偏占園林富貴多。解向此中空色相，天花何處惹多羅。
萬顆勻圓訝許奇，縱橫老墨太淋漓。夢中曾向江南見，鄧尉山頭暮雨時。

題畫玉蘭

幽姿寫入丹青裏，疏雨輕煙卻最宜。記得繡江亭上立，倚欄閒望玉參差。